奋斗的青春最美丽

安庆师范大学优秀学生成长故事

主　编　汪时珍
副主编　夏建华　华秀梅
编　委（按姓氏笔画排序）
　　　　华秀梅　汪时珍　汪博武　张向辉
　　　　陈　东　夏　靖　夏建华　钱　敏
　　　　梅盈盈　訾纪辉

中国科学技术大学出版社

内 容 简 介

安庆师范大学始终紧扣立德树人根本任务,大力弘扬"敬敷、世范、勤学、笃行"校训精神,深入实施修德、修智、修行"三修"教育工程,促进学生成长、成人、成才、成功,育人成果丰硕。本书以充分展示安庆师范大学的"三修"教育工程和"四成"育人理念成果为核心,精选近三年优秀学生的成长故事,展现他们实现梦想、创造未来的动人事迹,希望更多的青年学生心怀梦想,从他们的事迹中获取品尝人生的力量,用执着的信念描绘多彩的青春。

图书在版编目(CIP)数据

奋斗的青春最美丽:安庆师范大学优秀学生成长故事/汪时珍主编. —合肥:中国科学技术大学出版社,2021.1

ISBN 978-7-312-04994-1

Ⅰ.奋… Ⅱ.汪… Ⅲ.安庆师范大学—大学生—生平事迹 Ⅳ.K828.4

中国版本图书馆 CIP 数据核字(2020)第 117651 号

奋斗的青春最美丽:安庆师范大学优秀学生成长故事
FENDOU DE QINGCHUN ZUI MEILI:
ANQIN SHIFAN DAXUE YOUXIU XUESHENG CHENGZHANG GUSHI

出版	中国科学技术大学出版社
	安徽省合肥市金寨路96号,230026
	http://press.ustc.edu.cn
	https://zgkxjsdxcbs.tmall.com
印刷	合肥华苑印刷包装有限公司
发行	中国科学技术大学出版社
经销	全国新华书店
开本	710 mm×1000 mm 1/16
印张	14.75
字数	286 千
版次	2021年1月第1版
印次	2021年1月第1次印刷
定价	60.00 元

前　言

　　青年是整个社会中最积极、最有生气的力量,国家的希望在青年,民族的未来在青年。实践充分证明,中国青年是有远大理想抱负的青年,中国青年是有深厚家国情怀的青年,中国青年是有伟大创造力的青年!无论过去、现在,还是未来,中国青年始终是实现中华民族伟大复兴的先锋力量!

　　今天,新时代背景下的中国青年处在中华民族发展的最好时期,既面临着难得的建功立业的人生际遇,也肩负着"天将降大任于斯人"的时代使命。习近平总书记在纪念五四运动100周年大会上勉励新时代中国青年:要树立远大理想,热爱伟大祖国,担当时代责任,勇于砥砺奋斗,练就过硬本领,锤炼品德修为。千锤百炼才能造就英才,珍惜韶华方能不负青春。有信念、有梦想、有奋斗、有奉献的人生,才是有意义的人生。当前青年建功立业的舞台空前广阔、梦想成真的前景空前光明,广大青年一定会在实现中国梦的伟大实践中创造自己的出彩人生。

　　安庆师范大学始终坚持"育人为本、德育为先"的教育宗旨,积极探索全员育人、全程育人、全方位育人的思想政治工作新机制,践行快乐成长、健康成人、励志成才、走向成功的"四成"育人理念,实施修德明理、修智创新、修行律己的"三修"教育工程,将引导学生成长发展与解决实际问题紧密结合,为学生实现梦想、创造未来提供了丰沃的土壤。多年来,许多优秀学生在校园里勤奋学习、努力实践、励志成才,取得了优异的成绩。学校先后举办了"十佳青年""自强之星""成长梦"等系列活动,对这些优秀学生的先进事迹陆续作了报道。我们从中选取部分编印成本书。

　　青春的路上,没有一帆风顺的坦途。只有不畏艰难、勇往直前,才能秀出最精彩的自己。这些优秀学生的事迹不仅为自己书写着生命的印迹,也为其他同学树立了前进的标杆,更为这个时代贡献了激昂的乐章。

一批又一批学子离开校园，走上工作岗位，开始了新的人生阶段，他们或立足岗位、勇于创新，或扎根基层、甘于奉献，都在用实际行动践行着"敬敷、世范、勤学、笃行"的校训。希望更多的青年学生胸怀梦想，从他们的事迹中获取品尝人生的力量，励志勤学、刻苦锻炼，在激情燃烧的奋斗中绽放青春的光芒，不断成长进步。

汪时珍

2020 年 10 月 10 日

目　录

前言 ··· i

学　风　创　优

申文静：永不言弃的"数学学霸" ································ 002
韩雨翔：天道酬勤，厚德载物 ···································· 005
杨宇凡：坚持自己的信仰，青春无畏无惧 ······················ 008
宋洁宁：让学习成为一种骄傲 ···································· 011
王丹：给自己一个可以选择的未来 ······························· 014
桂牛洪：我不是"学霸"，我只是会"学" ······················ 017
钟琪："学霸"的数学建模路 ······································ 021
李冰清：一丝不苟的"古筝文青" ································ 024
康见平：钻研和热爱是提高学习的最好方法 ··················· 026
李广润：争坐第一排的学霸 ······································· 028
闫安慧：用努力成就自己的未来 ·································· 031
姚子瑜：勿忘初心，怀揣本真 ···································· 034

科　技　创　新

黄杰：在自律中超越自我 ·· 038
江小蝶：在竞赛中修行 ··· 041
孙凤仪：创新路上的探索者 ······································· 044
章海燕：创新团里的巾帼花 ······································· 047
顾涛：快乐的"竞赛大神" ·· 050
冯孟雅：脚踏实地的实践家 ······································· 052
桂祥：追求卓越，创新无悔 ······································· 055
朱钧锐：实验室里走出的"创新达人" ·························· 058
王礼洋：知行合一，实践创新 ···································· 061
李玉呈：离开了知识将一无是处 ·································· 063
左俊怡：立志做环保使者 ·· 066

陈琪：成功绝非偶然，付出才有回报 ⋯⋯⋯⋯⋯⋯⋯⋯⋯⋯⋯⋯⋯⋯⋯ 069
周星星：以梦为马，不负韶华 ⋯⋯⋯⋯⋯⋯⋯⋯⋯⋯⋯⋯⋯⋯⋯⋯⋯ 072
朱先峰：生如逆旅，一苇以航 ⋯⋯⋯⋯⋯⋯⋯⋯⋯⋯⋯⋯⋯⋯⋯⋯⋯ 075
嵇然：脚踏实地，不忘初心 ⋯⋯⋯⋯⋯⋯⋯⋯⋯⋯⋯⋯⋯⋯⋯⋯⋯⋯ 078

文 艺 创 作

龚慧慧：用持之以恒浇灌"文学之花" ⋯⋯⋯⋯⋯⋯⋯⋯⋯⋯⋯⋯⋯ 082
李辉：成功是从决定去做的那一刻，持续积累而成 ⋯⋯⋯⋯⋯⋯⋯ 085
丁晓燕："学霸"校媒人 ⋯⋯⋯⋯⋯⋯⋯⋯⋯⋯⋯⋯⋯⋯⋯⋯⋯⋯⋯ 088
葛德智：勤奋认真的"摄影师" ⋯⋯⋯⋯⋯⋯⋯⋯⋯⋯⋯⋯⋯⋯⋯⋯ 091
汪艳：做一个"杂家"，不断钻研 ⋯⋯⋯⋯⋯⋯⋯⋯⋯⋯⋯⋯⋯⋯⋯ 094
肖奇琳：合格的"船头瞭望者" ⋯⋯⋯⋯⋯⋯⋯⋯⋯⋯⋯⋯⋯⋯⋯⋯ 097
丁灿：一根有思想的"芦苇" ⋯⋯⋯⋯⋯⋯⋯⋯⋯⋯⋯⋯⋯⋯⋯⋯⋯ 100
刘敏：摄影青春，活出自我 ⋯⋯⋯⋯⋯⋯⋯⋯⋯⋯⋯⋯⋯⋯⋯⋯⋯ 103
李蕊：奋斗到感动自己，坚持到竭尽全力 ⋯⋯⋯⋯⋯⋯⋯⋯⋯⋯⋯ 105
张世文：人若有志，万事可为 ⋯⋯⋯⋯⋯⋯⋯⋯⋯⋯⋯⋯⋯⋯⋯⋯⋯ 109

自 强 奋 斗

任雅倩：生活不会亏待每一个辛苦付出的人 ⋯⋯⋯⋯⋯⋯⋯⋯⋯⋯ 114
吴敏：无奋斗，不青春 ⋯⋯⋯⋯⋯⋯⋯⋯⋯⋯⋯⋯⋯⋯⋯⋯⋯⋯⋯ 116
蒋梦露：未来犹可追，振翼而腾飞 ⋯⋯⋯⋯⋯⋯⋯⋯⋯⋯⋯⋯⋯⋯ 119
黄岩：艰难困苦，玉汝于成 ⋯⋯⋯⋯⋯⋯⋯⋯⋯⋯⋯⋯⋯⋯⋯⋯⋯ 122
牛传琦：放手一搏，书写自己的传奇 ⋯⋯⋯⋯⋯⋯⋯⋯⋯⋯⋯⋯⋯ 125
陈云云：一个自律而恋旧的人 ⋯⋯⋯⋯⋯⋯⋯⋯⋯⋯⋯⋯⋯⋯⋯⋯ 128
王玲玲：博观而约取，厚积而薄发 ⋯⋯⋯⋯⋯⋯⋯⋯⋯⋯⋯⋯⋯⋯ 131
陈新月：用刻苦"逆袭"人生 ⋯⋯⋯⋯⋯⋯⋯⋯⋯⋯⋯⋯⋯⋯⋯⋯⋯ 134
王婉婉：播下一个努力，收获一种命运 ⋯⋯⋯⋯⋯⋯⋯⋯⋯⋯⋯⋯ 136
陈东强：只要够努力，幸福一定会来敲门 ⋯⋯⋯⋯⋯⋯⋯⋯⋯⋯⋯ 139
李忠钢：感谢遇见的逆境 ⋯⋯⋯⋯⋯⋯⋯⋯⋯⋯⋯⋯⋯⋯⋯⋯⋯⋯ 142
汪盼：志存高远，奋斗不息 ⋯⋯⋯⋯⋯⋯⋯⋯⋯⋯⋯⋯⋯⋯⋯⋯⋯ 145
卢敏：从心开始，勤学笃行 ⋯⋯⋯⋯⋯⋯⋯⋯⋯⋯⋯⋯⋯⋯⋯⋯⋯ 148
王和政：青春，不熄的火焰 ⋯⋯⋯⋯⋯⋯⋯⋯⋯⋯⋯⋯⋯⋯⋯⋯⋯ 151
梅冠东：抓住机遇，严于律己 ⋯⋯⋯⋯⋯⋯⋯⋯⋯⋯⋯⋯⋯⋯⋯⋯ 156

社 会 实 践

李红：逆风而行，为理想奋斗 …………………………………… 160
周云杰：自助者天助，自恒者恒强 ……………………………… 164
韦心怡：坚持的人终究会看见希望的光亮 ……………………… 167
江思雨：世事洞明皆学问，人情练达即文章 …………………… 170
刘茹：欲戴王冠，必承其重 ……………………………………… 173
钱灿：校园里的实践达人 ………………………………………… 176
余杭：平凡也是一种不平凡 ……………………………………… 179
芮媛媛：用实践创造自己的未来 ………………………………… 182
戴小云：心怀感恩，不断努力 …………………………………… 185
王禹：自律给我自由 ……………………………………………… 188
周兴全：永远年轻，永远热泪盈眶 ……………………………… 190
陈韵如：在实践中寻求平衡 ……………………………………… 193

志 愿 服 务

谢雨婷：道阻且长，行则将至 …………………………………… 196
胡佳佳：欲速则不达 ……………………………………………… 199
夏曦：效率比一味努力更加重要 ………………………………… 202
黄耀：行而后知，从实践中感受价值 …………………………… 205
吴亚楠：用时代精神点亮社工人生 ……………………………… 208
许志鹏：助人助己，践行平凡 …………………………………… 211
项海霞：心之所向，必当勇往直前 ……………………………… 214
周磊：成功只留给有准备的人 …………………………………… 217
徐海燕：快乐学习，快乐生活 …………………………………… 220
龙舒婷：善为至宝，传递阳光 …………………………………… 222
于海：尽己所能，舞动自我 ……………………………………… 225

学风创优

申文静：永不言弃的"数学学霸"

2018年度国家奖学金获得者申文静

第九届全国大学生数学竞赛（非数学类）安徽赛区一等奖、安庆师范大学第九届全国大学生数学竞赛校内选拔赛（非数学类）三等奖、连续两年校级一等奖学金……机械设计制造及其自动化专业2016级（2）班的申文静坚信天道酬勤，勤能补拙，只要付出了努力，就一定会有收获。

一天十几个小时泡在图书馆

在学习上，申文静一直坚信勤能补拙，每天除了吃饭睡觉，其他时间基本都在看书，或是专业书籍，或是英语等级考试的相关书籍，或是考研复习的书籍，总之，她喜欢在课余时间看书以充实自己的生活。

申文静坦言，大一的时候因为借阅室不能带书进入，加上座位基本被考研的学长占了，因此只能在教学楼找空教室学习。"从大二开始，空闲时间我会经常去图书馆,平时自习就在图书馆和教室里来回换。"

大三开始,申文静在图书馆一楼占了位置,平时不上课就待在图书馆看书。"大概早上7点半到图书馆,晚上闭馆差不多10点的时候回宿舍,一天十几个小时'泡'在图书馆。"

即便是周末或节假日,申文静也会去自习,她觉得这样可以保证有充足的学习时间,来完成自己的学习规划。

在大学期间,她努力奋斗,获得了一次国家奖学金,一次国家励志奖学金,两次校一等奖学金以及校"三好学生标兵"的荣誉称号。

"我坚信一分耕耘,一分收获,没有不劳而获的事情,必须端正自己的学习态度。"申文静说,"保持一种积极的学习态度,保持一种良好的学习风尚,保持一种永不言弃的精神,为了自己的追求与愿景,一定要坚持不懈地学习。"

数学学霸背后的故事

申文静对数学十分热爱。

谈及自己获得第九届全国大学生数学竞赛(非数学类)安徽赛区一等奖的荣誉,申文静说那是幸运。"大二上学期国庆节,我没有回家,在学校整整7天都在做全国大学生数学竞赛初赛的真题。"申文静回忆,"那次考试正好最后一大题是之前做过的,我在去考试的路上看笔记正好看到那道题,看了20分钟看懂了。考试的时候我就做出来了,还拿了一等奖。"

7天备战比赛给申文静留下深刻印象,她总结道:"数学就得多刷题多总结,每一份奖状背后都离不开严密的逻辑思维、细心的计算以及总结。"

挥得了球拍也上得了讲台

除了看书学习,申文静的爱好就是打羽毛球。"大一刚进大学的时候,经常去球馆。因为我不太擅长交际,大一时认识的朋友中,除了班里的同学,其他基本都是打球认识的,打球真的让我认识了很多朋友。"

申文静解释说,大一生活比较单调,没有参加各种各样的活动,除了上课以及平时的学习,打羽毛球成为了她平日里的第二件大事。"既可以放松心情又可以认识新的朋友,这项运动给我带来了快乐。"

因为在数学方面有着优异的成绩,申文静还被校大学生数学爱好者协会邀请去给学弟学妹们讲课。两次登台讲课的经历给申文静留下了深刻的印象。"虽然有点害羞,不过当我正式讲课的时候,也没有那么紧张。选了经典的例题,用通俗的语言和典型的解题步骤给学弟学妹们讲解,能让他们听懂我就很开心。"

每次去给学弟学妹们讲题目之前,申文静都会认真准备一些经典的题目,以便让学弟学妹们更好地掌握数学知识。

未来她也有蓝图

说起未来的打算,申文静希望毕业后能到企业做一名机械工程师或者其他类似的工作。"现在就想着先能考上研究生,在研究生阶段静心钻研,掌握真正的技术,学能有所用。"

她认为,在现在这个社会中,只有真才实学的人才能有出路。"在有能力的情况下,我也想资助孤寡老人,能给他们贫苦的生活带来一些改善,为社会做出自己力所能及的贡献。"

申文静知道,以后这一切的实现都建立在现在付出的基础上。所以接下来她会继续拼搏。"我会一步一个脚印,踏踏实实做好学习与生活中的每一件小事,厚积薄发,在未来的学习与工作中灵活运用所学知识。我会坚持不懈地努力学习,学有所成之后,尽自己的微薄之力为社会做出贡献。"

(学生记者　邵　琪)

韩雨翔：天道酬勤，厚德载物

2017年度国家奖学金获得者韩雨翔

和英气逼人的姓名不同，来自2015级数学与应用数学专业的韩雨翔是一个有些内向、喜欢安静的女生。虽然才大三，她却已经是一次国家奖学金、一次国家励志奖学金、校一等奖学金、创新创业单项奖学金、第九届安庆师范大学大学生数学竞赛校内选拔（数学类）一等奖等各类奖项的获得者。无论是学习，还是生活，韩雨翔始终信奉着"天道酬勤，厚德载物"的座右铭。

对数学是热爱

身为老师同学眼中的"数学学霸"，韩雨翔却说自己在数学上并不具有很高的天赋，也曾因为数学而头疼。"说实话，感觉挺奇妙的。"回忆起和数学的种种缘分，韩雨翔感慨不已。

小学时，韩雨翔数学基础很差，经常考十几分，直到上了初中，她遇到了数学学习道路上的启蒙老师——教数学的班主任。"那是我第一次到县城念书,各种不适应,老师就天天抽时间来开导我、鼓励我,给了我很多力量。"为了回报贴心的老师,韩雨翔一点一点地努力,把小学的数学知识都"捡了起来",基础也渐渐牢固。到了高中,她又幸运地遇见了一位优秀的数学老师,这位老师的数学才华深深吸引了韩雨翔,有趣新颖的讲课方式让她惊叹不已,"他彻底激发了我对数学的热爱"。数学与应用数学专业是韩雨翔的第一志愿专业,用她的话来说,当时填报志愿几乎是"毫不犹豫"。

"大概就是因为喜欢吧,所以其他同学都抱怨数学好难的时候,我一点都不这么认为。"

坚持就是"王道"

谈到学习秘诀,韩雨翔笑称自己没什么经验,主要是保持清醒的头脑,上课仔细听老师讲解,跟着老师转,充分理解知识并形成自己的见解。遇到不会的问题时,她经常和同学们一起讨论,"这是一种思想火花的碰撞,感觉超级美妙"。

韩雨翔觉得自己的成绩之所以"还算过得去",除了兴趣使然,最重要的是坚持。提及最初接触大学数学的情形,韩雨翔说她其实和很多同学一样都是一头雾水,但是不服输的她硬是逼着自己拼命思考分析,做大量的习题,还常去图书馆查阅资料。"当时很不服,就尝试坚持去学习理解,多想多看,最后也就明白了。所以说万事开头难,只要坚持就一定行。"韩雨翔笑道。

大学是奢侈的时光

除了学习,韩雨翔在课余时间也时常会和室友一起出门走走,有时还会打打羽毛球。此外,她还喜欢关注当下的热点新闻,尤其喜欢看中央电视台的《开讲啦》。"这是全国第一档青年电视公开课,可以看到很多优秀的同龄人发表自己的思想观念,让我明白自己的不足。"韩雨翔说,"节目里的很多东西都是我在课堂上、学校里学不到的。"

"我真的很喜欢我的大学生活,有时想想觉得好像掉进了人间天堂。"于韩雨翔而言,大学里的一切都是她从没想过的,虽然参加的活动不多,但哪怕是简单的比赛,于她都是惊喜的体验,"以前从没经历过,所以觉得一定要加倍珍惜现在的时光"。韩雨翔表示不善于交流的她还当过几次家教,对她来说也是不小的收获。"当时是想勤工俭学,同时也是想接受一些挑战,体验不一样的生活。我的学生和学生家长很好,虽然我是个新手,但他们对我很包容。"说到这里,韩雨翔有点不好意思,"我很感激他们,现在也在想方设法地锻炼我自己,希望自己能变得越来越好。"

对于未来的规划,韩雨翔说自己准备考研,去接触更多想要学习的知识,"越努力,越幸运,我会利用好这些'宝贵奢侈'的时光,在走入社会之前,好好地为自己'充电'。"

(学生记者　江汪汀)

杨宇凡：坚持自己的信仰，青春无畏无惧

2018 年度国家奖学金获得者杨宇凡

从大一到大三，她的专业成绩一直名列前茅，多次获得"优秀学生干部标兵""三好学生""三好学生标兵"等荣誉称号。在 2018 年安庆师范大学十佳青年学生的评选中，她还获得了学风创优类"优秀青年学生"荣誉称号……她就是安庆师范大学马克思主义学院思想政治教育专业 2015 级（1）班的杨宇凡。

兴趣是最好的老师

因为从小到大对政治方面的知识充满兴趣，所以杨宇凡在填高考志愿时第一志愿就选择了思政专业，这使她成为了这个专业里为数不多不是调剂过来的学生。"正因为我对这个专业很感兴趣，想要鼓足了劲学好，所以在真正开始学的时候感觉轻松很多。"杨宇凡认为，无论是实践，还是学习，兴趣都很重要，有了兴趣，积极性高了，效率自然也就高了。

"在上大学之前，我就给自己的四年生活制订了一个规划，告诉自己每一个阶段的重心以及要完成的目标。"杨宇凡在大二下学期报名参加了2017年安庆师范大学师范生教学技能大赛，先后获得马克思主义学院2017年师范生教学技能竞赛一等奖和安庆师范大学校级政治组一等奖。"这不仅加深了我对这个专业的热爱，还不断激励和鼓舞着我潜心学习，不断充实和完善自己，牢记责任与使命。"

每个人都有消极的时候，杨宇凡也不例外。"我经常心里的想法很积极，但是真正要去做的时候却懒散退缩了，这个时候我就会给自己立目标，每当完成一个，我都会有一丝的成就感，继续努力的动力也就有了。"杨宇凡说，并表示正是这些目标，让她走出了自己的路，同时也慢慢强大了起来。

从宣讲经历中得到成长

刚从师范生教学技能大赛中脱开身，杨宇凡又投入新的忙碌中，需要代表学校做安徽省十九大精神的宣讲员，这对于她来说既是机会，也是挑战。"当时华秀梅老师问我，如果让我在全校人面前宣讲十九大精神我敢不敢，我特别坚定地说'敢'，现在想想那个时候真的很勇敢。"杨宇凡说，她认为她的专业是对口的，而且她有上课的经历，不会怯场，综合各方面都很有优势，而这也是她获得这个机会的原因。

去合肥学习的几天，才真正让杨宇凡紧张起来。"会议地点在省政府大厅，参会的是省委宣传部部长和团省委书记以及各高校教授，还有各行各业杰出人物，他们都是经常参加宣讲活动的，这让我意识到事情的重要性。"两天合肥学习之行，不仅学到了十九大的知识，也让她见了世面。

回校之后，杨宇凡便开始组建学生宣讲团，并将自己学到的东西分享给校宣讲团的其他成员。"宣传十九大精神，要做到既严谨又生动，让大家听得懂、能领会。"杨宇凡说。刚开始到各社区宣讲时，杨宇凡就遇到了困难。"我们的第一次宣讲内容准备了很久，但在社区宣讲的时候，进度很慢，效果很差，对我们打击很大。"

虽然第一次宣讲以失败告终，但杨宇凡并没有放弃，而是总结经验，重新开始，第二次以及后面的宣讲他们不单单是内容准备充分，而且更加注重把内容和宣讲对象相联系。"这次宣讲的经历让我从中学到了很多，也认识了很多优秀的人。"杨宇凡说，她在这次经历之后，遇到任何事都不会害怕，万事皆可破。

实践让大学生活更丰富

大学时光，用杨宇凡的话来说，就是过得很充实。大学四年，她担任过合肥市包河区义城街道官方微信的编辑,将她学到的专业知识投入到工作中;她也担任过校学生会"文明修行"之"文明就餐"活动中的志愿者,并荣获"优秀个人"的称号;她参加了校团委建党95周年微博活动,并获得第二名;她还参加了校图书馆举办的第五届读书征文比赛,获得三等奖……回想起大学的种种实践经历,杨宇凡颇有感慨:"我的大学,我想做的、能做的我都能做了,没有任何遗憾,回想四年,脑子里充满着各种回忆,很感谢这些实践经历。"

"我希望大家做任何事情,都能够勇敢地踏出第一步,可能过程艰辛,但结束后,你或多或少都会有收获,而这就达到了这件事本身的目的。"杨宇凡始终坚信,不管是学习还是工作,最重要的就是坚持,什么"技巧"都比不过一份坚持的态度。

(学生记者　沈娇阳　蔡苗苗)

宋洁宁：让学习成为一种骄傲

2018年度国家奖学金获得者宋洁宁

  智育成绩专业第一、综测成绩专业第二、全国大学生英语竞赛B类二等奖、外国语学院第十六届团委学生会读书园园长、院女子篮球队队长……虽然英语专业2017级（2）班的宋洁宁来到大学不到两年的时间，但取得的成绩可以说是德、智、体、美全面发展。

兴趣是学习的最好老师

  "我还记得自己刚接触英语时十分抵触，总觉得英语是外国人的语言，我为什么要学，所以起初英语成绩很差，常常不及格。"宋洁宁回忆起英语的学习之路时表示，转折点是她被选为英语课代表。宋洁宁表示："一下子就感觉压力很大，既然老师选了我当课代表，我就不能让老师失望，也不能让自己丢脸。"那段时间，她每天遇到生单词都会很认真地去查、去记，弄清每个单词的读音、意思、用法。上课时课代表需要带同学们朗读课文和单词,她就提前把课文读熟,甚至到了能背下来的程度。随着成绩的提高,宋洁宁也渐渐对英语改观了不少,她发现学好一门外语是一件令人骄傲的事情。

不同于很多同学的上课疯狂抄板书,宋洁宁很少上课记笔记,她把更多的课堂时间留给了听老师讲和跟随老师思考,把整理笔记的时间放在了课下。"整理笔记时,我会把自己主动去找的一些和老师上课所说内容有关的知识点补充上去,这样我的笔记条理更清晰,内容也更丰富。"宋洁宁说。

刚刚过去的四月,宋洁宁参加了全国高校英语专业四级考试,和许多同学一样,宋洁宁手中也留下了一些没有做完的考试资料。宋洁宁表示,这些资料她会认真做完,一方面是不能浪费资源,另一方面英语专业四级考试并不是她学习的终点。

责任让工作不可懈怠

读书园是外国语学院团委学生会一个极具特色的部门,是负责管理外国语学院并有着十多年历史的特色"图书馆",经常举办与"阅读"相关的活动。宋洁宁是这一届读书园的园长。谈及学生会的工作,宋洁宁表示,最大的收获就是责任感,"任何一点不恰当的言行,稍稍松懈的工作,都会觉得对不起自己身上学生干部的称号"。

在担任读书园园长近一年的时间里,让宋洁宁触动最深的还是招新面试的时候。"我听到来面试的学弟学妹们说读书是一辈子的事,让我感触很深,现在把读书看得那么神圣、那么重要的人真的不多了,这让我发现自己在做一件非常有意义的事情。"宋洁宁表示,她会不忘初心,不辜负自己当初进入读书园时希望达成的目标,让读书园帮助同学们多去读书,爱上读书。

生活中更想保持童心

谈及自己的兴趣爱好,宋洁宁说,有画画、练字、养花草、做手工……这会让人不自觉地联想到老干部的生活。而在压力比较大的时候,宋洁宁喜欢玩一些比较"幼稚"的小游戏,看动画片和动画电影,因为在宋洁宁看来,她希望自己能够一直用一颗童心看待这个世界。

宋洁宁大部分的假期生活是在陪伴家人中度过的。"我会帮父母做些家务,父母有时候也会让我下地干活,我知道他们是想让我体验生活,更加珍惜现在的学习机会。"宋洁宁表示,有时间她会回到以前的学校看望曾经的老师,通过和老师的交流,能清晰地看到自己身上的变化和成长。

对于大学生活还未过半的宋洁宁来说,下一步的人生规划暂时还没有那么明晰。但相信她的人生,会笑到最后,笑得最好。

(学生记者　庞彦堃)

王丹：给自己一个可以选择的未来

2018年度国家奖学金获得者王丹

打开2014级社会工作专业王丹的个人事迹介绍，里边的内容可谓是"硕果累累"，大学连续三年拿到校一等奖学金，获得过校"优秀青年学生""优秀学生干部标兵""优秀学生会干部""优秀学生社团干部"等荣誉称号，还有大大小小奖状，共18项。这样的成绩着实令人羡慕，但光鲜亮丽的背后，是日复一日、年复一年的付出。对于王丹来说，欲戴王冠，必承其重。

坚持：不让自己成一副空皮囊

当玩手机、睡觉的情况在大学课堂上屡见不鲜时，王丹却仍保持着高中时的学习状态。她学习认真，几乎每门课都做好笔记。遇到感兴趣的内容她还会查资料，进行延伸，拓展自己的知识面。相对于大多数学生在期末考试来临前的"突击复习"，王丹更喜欢做到心中有数、临阵不慌，她有自己的复习方法。"我会付出比其他同学更多的精力和时间,几乎每门专业课我都会背诵 4～5 遍,直到滚瓜烂熟。"

"我一直都认为学习是学生的天职,即使进入大学也同样如此,所以我把学习放在大学生活的第一位。只有把专业知识学扎实才是硬道理,不然就会是一副空皮囊。"在王丹看来,大学学习比高中更加重要。当大多数同学在课余时间放松自己的时候,她则用来梳理近期学过的内容。有人觉得她这样的大学生活很累,但王丹的目标不在眼前,而在将来。

对于王丹来说,她心底的目标就是,给自己一个可以选择的未来。王丹说:"现在我的想法是,先打好理论基础,多参加实践,提高情商,为考研做准备。如果考研失败的话,就去参加选调生考试。未来似乎很远,但是又近在眼前,我目前得解决考研和工作的问题。"

认真:她总能坐住"冷"板凳

背书是重复的机械记忆,虽然枯燥,但王丹觉得生活中的每一件事都需要认真对待,才能有所收获。为了让背记变得轻松,她的方法就是将专业实践和生活联系起来,通过在实践中理解体会。对于一些容易混淆的内容,她则会用谐音、首字连词法等一些技巧,让背记变得轻松。她说:"虽然为学习、为专业课努力,时有枯燥,但是当我心中有一个目标的时候,就能坐住'冷'板凳,辛苦付出还是很有必要的。"

在别人看来,王丹平时学习可谓是十分辛苦,但她有自己独特的解压方式。她告诉记者,自己是个不折不扣的"吃货",喜欢搜罗好吃的美食,还喜欢拍美食的照片。为此,她还专门创建了一个社交账号,在里面晒自己吃过的美食照片和对美食的评价。她的另一大爱好是长跑,"只要不下雨,我就会绕着操场跑至少 15 圈,1 个小时左右。每当跑步的时候,我就会放空自己,想想接下来要干的事情。"

王丹认为大学和高中生活是截然不同的,不能只"死啃书",更要做好实践。因此,她多次参加了志愿者活动,并在心底里觉得这是大学里做过最让自己骄傲的事情。在这些实践活动中,既增强了自己的实践能力,也让她提升了自我价值。

成长:大学里让自己感触最深的事

在大学里,让王丹感触最深的是大二时担任青年社会工作者协会会长的那段时间。回忆一年任期里的经历,她觉得自己没有辜负别人的期望,而且收获最多的是成长和友谊。她欣慰地说:"一路走来,这段经历弥足珍贵,有笑有泪有生气有感动,但看到社团被评为三星级社团的时候,觉得一切付出都是值得的。"

王丹说，因为担心自己没有能力管理好社团，竞选社长之前她纠结了很久。最终在前辈的鼓励下，她选择留在青年社会工作者协会，并担任了社长职位。作为社团的管理者，付出大量的时间和精力不可避免。社团事务繁多，经常会占用她的休息时间，临近考试时，甚至还会占用学习时间。起初王丹也有自己的小情绪，后来，她渐渐学会了调节自己的心态，在学习和工作上找到平衡。

王丹是个成熟懂事的女孩，她体谅父母的不容易。她告诉记者，自从拿到校级奖学金和国家奖学金后，她便很少再向家里要生活费。就算寒暑假回到家里，她也会去做兼职赚些生活费。她觉得凡是能自己解决的事，一般都不会让父母操心。在她看来，体谅父母，对于自己而言，也是一种幸福。

（学生记者　郭金帅）

桂牛洪：我不是"学霸"，我只是会"学"

2017年度国家奖学金获得者桂牛洪

从一个粗心大意的"糊涂虫"成长为学院学生资助工作助理，从一个不善处理人际关系的人成长为班长，从一个"不聪明"的人成长为国家奖学金获得者，从一个没有单独出过远门的孩子成长为一个独自规划旅行的"背包客"……桂牛洪的改变和成长速度令人惊叹。

桂牛洪是文学院汉语言文学专业2015级（2）班的一名学生，每年综合测评专业排名都是班级第一，多次荣获校一等奖学金、华藏奖学金、叶圣陶奖学金、创作发明单项奖学金，是优秀学生干部标兵、安徽省学生联合会第九次代表大会正式代表。

反对死读书，学习是一种享受

会学习、能自律，桂牛洪用这样两个词形容自己。"其实学习与工作不是矛盾的,而是统一的,我们在工作的同时,会学到课本中学不到的知识。"

大学里,令桂牛洪记忆最深刻的一件事,是一次因为请假条格式不正确而被学生会的部长训了足足半小时。这让她觉得很尴尬,从那以后她逐渐开始端正态度、注重细节。

在大三第一学年的学生资助工作中,由于粗心,桂牛洪错填了表格中的一项内容,导致全院所有贫困生的材料都需要重新修改。"和学妹熬了一个通宵,修改200多份材料。因为我的失误,让别人也遭罪,我很是过意不去。"桂牛洪说,不认真谨慎的后果是"害人害己",这件事一直提醒着她做事要一丝不苟。

大一、大二的专业排名第一,在省级刊物上发表文章,同时担任班级班长、学院学生资助工作助理、校学生会副主席。

不少人会问桂牛洪,又学习又实践,奖状拿到手软,一定很累吧?但是她说:"恰恰相反,我从不觉得累,反而很享受这个过程。"

三人行必有我师。桂牛洪在学院学生资助工作中、与老师同学沟通过程中总结出经验,"每个人身上都有值得我们学习的地方,大学不是固步自封地死学习,而是学会在生活工作等各个方面中去学自己所需要的东西"。

不管是学习日还是周末,每个晚上,桂牛洪都会到教室上自习,风雨无阻,这个习惯不知不觉间已经保持了两年多。

桂牛洪周周写计划表,月底写总结反思。"他们说我没有双休日,地球转一圈,我忙一天半。我觉得学习是一种习惯,忙碌的生活中我收获到不少知识。"桂牛洪笑着打趣道。

女超人爱"逞强",有遗憾也有失落

"桂牛洪,你看看哪个女生像你这样,天天熬夜,面黄肌瘦,一点也不顾自己的形象。"

"桂牛洪,你能不能不要把什么工作都往自己身上揽?你要放手让学弟学妹去做。"

"你除了晚上在寝室里睡觉,其他时间我们几乎都见不着你的人影。"

……

在老师、朋友和室友的眼里,桂牛洪总是"逞强",把自己变成了女超人。

大一下学期,桂牛洪"操办"了班级首届"语文教师模拟大赛"。撰写活动策划方案、积极联合各班级团支部开展活动、购买奖品、找负责老师为获奖证书盖章、邀请学院有经验的老师给予指导、组织安排人员现场计时和直播,这些她都亲力亲为。赛后颁发奖项、修改新闻稿、活动资料存档这些事,她也主动"揽活"。

"我希望尽我所能把每一项工作做到最好,这样第二届活动的举办可以从中借鉴参考,方便下一届负责活动的学弟学妹。"

除了组织活动,她还定期召开班团委联席会议以及班级主题班会、参加主席团工作例会、参加周末志愿者活动……由于每天的忙碌,她的黑眼圈从来没消失过。

"爸妈,不用担心我,我在学校吃得好住得好,最近又长胖啦!"这是她每周跟父母通电话时最常说的话。

定期给父母打电话了解他们的身体状况,询问弟弟的学习状况;除了一次因外公生病临时回家探望之外,桂牛洪基本半年回一次家。"未来还是靠我们自己走,我们依赖的人有一天也会离开我们,我们要学会独立。"桂牛洪说。

从高考结束后到大一,桂牛洪一直坚持练习软笔书法。"书法作为'三字一话'之一,是我们应具备的专业技能。在写毛笔字的过程中,可以感受到文字带给我的一种安静,让我学会专注。"遗憾的是,由于太忙碌,坚持练习软笔书法这件事不得不被搁置下来。在被问到是否就此放弃时,桂牛洪信心满满地说,有空一定会继续练习软笔书法。

"大学期间很多精力都放在学习和工作上,忽视了对身边朋友的关心,由于性子急,时常把坏脾气发在亲近的朋友身上,有时候想起会很愧疚。"桂牛洪失落地说。在大一下学期意识到这一点后,桂牛洪也想办法补救,"以诚待人"是她给自己定的处事原则,一旦有空闲时间她都会与伙伴们谈心和外出游玩。

令桂牛洪感动的是,朋友们大多数时候都理解她的感受和状况。"感谢我的朋友们,他们都很理解我,还时常给我鼓励,帮我出谋划策,和他们在一起真的很温暖。"桂牛洪眼神中充满兴奋。

只有观世界,才会有世界观

一个小朋友踮起脚,歪着头,把脸颊靠近,示意桂牛洪亲她一下。这是在"至爱家园儿童中心"经常发生的一幕。

大二学年每周三下午,桂牛洪都会准时来到这里做志愿工作,陪伴这些残障儿童。经过一段相处后,桂牛洪和孩子们打成了一片。

"每次来的时候有的孩子会让我亲他们一下,带着这些孩子一起玩游戏,学音乐,教他们绘画,还会一遍一遍教他们说'老师好''老师再见'。"

在一次文艺汇演中看到孩子们认真地表演节目时,桂牛洪和其他参与志愿服务的同学止不住掉下眼泪。桂牛洪认为,志愿者活动是她在大学里做得最有意义的事,也让她更加愿意俯下身、低下头,去仔细看看这世界。

读万卷书,行万里路,除了志愿支教外,桂牛洪还是一个喜欢旅游的"背包客"。爬过黄山,游览过苏州园林,参观过南京大屠杀遇难同胞纪念馆。近的就在省内,远的去过东北,令她记忆最深刻的是一次从宣城独自前往黄山的旅行。

"我见到最温暖的一幕,是一位七十多岁的老爷爷,步履蹒跚,在家人的陪伴下,一步步登上了天都峰峰顶。"桂牛洪说,当她登上天都峰峰顶的那一刹那,觉得心境很平和,再看向身旁那个老爷爷,她陷入了深思。

"站得更高,你才能将眼前的风景看得更清楚,头脑更清晰。我相信只有观世界,才会有世界观。"

"我一直坚信奇迹是努力的另一个名字,我不是一个聪明的人,但是我会认真做好每一件事情。"正如桂牛洪所坚信的那样,即使专业成绩名列前茅,各类奖学金拿到手软,她也不满足于现有的成绩,学习的脚步从不停歇,带着家长和老师的期望继续前行。

(学生记者　朱丽萍)

钟琪："学霸"的数学建模路

2017年度国家奖学金获得者钟琪

2016年"认证杯"数学中国数学建模国际赛二等奖、第十四届五一数学建模竞赛三等奖、两次校一等奖学金、两次学习标兵单项奖学金、一次国家奖学金、一次国家励志奖学金等，这些奖项让2015级应用统计学专业的钟琪成为了众所周知的"学霸"。谈及未来，钟琪说："走好当下，'随遇而安'。"

学习：有热爱有规划

钟琪说，当初填报志愿时选择数学类专业完全是凭感觉，"高中数学还不错，自己也还挺喜欢数学的，就这么进来了"。大学里的数学是公认难学的学科，每年都不乏高中数学拔尖的新生在它面前败下阵来。与这些处在迷茫期的同龄人不同，钟琪一入学就对大学数学产生了强烈的兴趣，努力学习，为之后的学习打下了坚实的基础。"那会已经将近三个月没有学习了，当时的我有非常强的求知欲，上课比较用心,课下也基本都在做题,所以学得要相对轻松一点。"

对于学习,钟琪认为最重要的秘诀无外乎上课认真听讲和课后复习笔记两点。"其实都是很基本的东西,而且大学课程是最基础的,只要认真花时间了,就不会有多难。"为了空出更多的时间来钻研学习,钟琪在白天从不打开社交软件。"社交软件一开就会有很多琐碎的事情,很容易打乱学习计划。所以我每天只会利用晚上的一点时间回复信息。"

比赛:从"抱大腿"到独当一面

钟琪虽然是在进入大学后才接触到建模的,但很快就喜欢上了这一独具魅力的新奇"玩意儿"。据钟琪回忆,大一那年,她抱着好奇的心理,参加了人生中的第一次建模比赛。"一方面是因为我们院比较重视建模,另一方面也是因为我的队友非常强大,'抱大腿'的感觉是很好的。"当时的钟琪对建模并不了解,所以结果很不理想。但正是这一次失败,成功地开启了她的建模人生。"我是不容易气馁的那种人,虽然很受打击,但是比赛还有很多,就继续参加。"

经历了一场场比赛的磨炼后,钟琪逐渐从那个畏畏缩缩"抱大腿"的新人变成了能够在赛场上独当一面的老手,"参加的比赛多了慢慢就有了感觉,越到后来就越有兴致了。"2016年她在"认证杯"数学中国数学建模国际赛上摘得令人艳羡的二等奖,然而钟琪并不满意。"当时的题目都是全英文,我们的英语不好。现在想来当时的论文一定很不通顺,所以还是有很多不足的地方要去学习的。"

建模给予钟琪的,不只是各种光环,更多的是让她得到了锻炼。"建模比赛往往要准备三天三夜,那个时候真的是让人头皮发麻,让我的忍耐力和思维能力都得到了很好的锻炼。"钟琪说,"我们一个团队很团结,大家各有各的分工,相互陪伴,也锻炼了团队协作能力。"

生活:喜欢单纯有趣的日子

听歌,看动漫,打乒乓球……和部分生活重心只有学习的尖子生们不同,除了学习,钟琪还有很多爱好。作为一个正处于花样年华的女孩子,钟琪喜欢可爱暖心的东西,譬如宫崎骏和新海诚的动画电影。"我觉得动漫本身就是让人愉悦的,所以也谈不上为什么喜欢,就是觉得好玩。"

大学生活对钟琪来说是新鲜有趣的,"我以前话挺少的,但是大学给我的感觉很不一样,让我个性变得开放起来,所以我现在特别喜欢跟人聊天。"说起大学生活中难忘的片段,钟琪最先想到的就是加入汇爱志愿服务队的经历。"我们主要就是面对一些孩子,花时间陪伴他们,给他们辅导功课。"由于学习紧张,钟琪花在志愿工作上的时间很少,这让她时常会内疚。"我记得有一次我去给一个孩子辅导功课,他突然叫了一声我的名字。"回想起来,钟琪感触很深,"因为志愿者很多,我去的又少,我以为他肯定不会认识我,所以当时真的很感动。"

谈到对未来的规划,钟琪说她选择先考研,进一步地提升自己。"我希望自己未来的生活单纯点,简单说就是走好当下、'随遇而安'。"

(学生记者　江汪汀)

李冰清：一丝不苟的"古筝文青"

2017 年度国家奖学金获得者李冰清

一副黑框眼镜架在鼻梁上，长发扎成干练的马尾，音乐学院 2014 级的李冰清和她的名字一样，简单纯净。然而就是这样一个看似普通的女孩却是两次校一等奖学金、两次学习标兵单项奖学金、两次华藏奖学金、两次励志奖学金、一次国家奖学金、校级征文比赛二等奖等诸多奖项的获得者。理性沉稳、脚踏实地是李冰清对自己的评价。

学习要有规划有毅力

作为一名学生，李冰清认为学习是第一要务。"任何一门科目不付出努力都是很难有结果的"，她优异的成绩与踏实肯干的态度有着密切的联系。

说到学习方法，李冰清觉得最主要的莫过于上课时认真听讲和课后及时复习。此外，她还经常给自己制订各种计划，"比如这个星期要把哪些曲子练熟，或者哪些题做会，都是我的小目标"。回忆起初入大学时，李冰清说她和很多新生一样，有过一段迷茫期。"大学里的教学环境相对高中要松散得多,刚开始我还挺不习惯的,但到后来就慢慢意识到了自控力的重要性,开始把空闲时间利用起来去做一些有价值的事情。"

"课本上的知识都很浅显,内容不多,所以我经常会去图书馆找一些相关的资料。"李冰清一周至少去两次图书馆,通过翻阅各种专业书籍来拓展自己的知识面。"图书馆多去去还是有好处的,可以补充点额外的精神食粮"。

古筝是割舍不掉的信念

作为一名音乐生,李冰清的主修课程是古筝,这一具有古典韵味的乐器早在她小学六年级时就接触到了,"初次听到古筝的乐声,觉得太好听了,自此就迷上了"。李冰清的家庭非常民主,所以当得知她想要专修古筝及参加艺考时,家人都很支持。"我的家人比较尊重我的想法和意见,也会无条件支持我的决定。"从初中到大学,古筝已经陪伴李冰清走过了将近十个年头。十年间,她也曾觉得太累想要放弃,"但是后来学的时间久了就发觉自己离古筝的灵魂还很远,而且这已经成为一种信念,割舍不掉了"。

对李冰清来说,古筝已经不是一个冰冷的无生命的乐器,她表示:"古筝对于我,可能更像是亲人和挚友吧,我有情绪的时候就坐在古筝边上,好像真的能和它达到人琴合一一样,有一种灵魂的交流。"

未来不是"空中楼阁"

"很多人认为学音乐的是文艺青年,或多或少都比较感性,但我可能就是个例外了。"李冰清笑道。无论是在他人眼里还是自我评价,李冰清都是个沉稳理性的人,做事认真负责,一丝不苟。

临近毕业,很多大四学生都会选择在校外实习,李冰清也不例外,成了安庆四中初二年级的一名实习音乐老师。初中的音乐课主要是欣赏和歌唱结合,讲的也都是书本上的知识,所以上好这门课对李冰清来说不是件难事。"毕竟在学校里也是学了很多的,来实习主要就是锻炼自己,为自己积累一些教学经验。"此外,李冰清还表示除了学习,她还很享受和学生们的互动,"他们都挺能闹的,非常有活力,有时候甚至让我感觉也回到了那个活力满满的年纪"。

谈到对未来的规划,李冰清说目前打算先考教师编制,将来也有可能尝试一下考研。"我希望未来的自己还是会对任何事都认真负责,脚踏实地,不做那些空中楼阁一样的幻想。"她说。

(学生记者 江汪汀)

康见平：钻研和热爱是提高学习的最好方法

2017 年度国家奖学金获得者康见平

  用心钻研各种题型的学习态度，不断挑战自己的学习精神，知识共享的学霸寝室氛围，这些都是让康见平攀上学习高峰的基石。物理与电气工程学院 2015 级机械设计及其自动化专业的康见平，大一、大二的成绩都位列班级第一，获得了两次校级一等奖学金、一次国家奖学金。这些都离不开他对学习的热爱与努力。

  "第一次拿到奖学金的时候感到很惊喜，那时候觉得不可能是我。"谈起第一次获得奖学金的时候，康见平笑称"自己还不够努力"，只想不断地挑战自己，更上一层楼。他表示，学习对他而言，是一件特别满足的事情，"每当读完一本书或是学会了一个新的知识点就会觉得特别开心，心里会有一种满足感"。他觉得，用心钻研和对学习有兴趣是提高学习成绩的最好的方法。对康见平最好的鼓励，就是获得了国家奖学金，"感觉自己两年的努力没有白费"。

  康见平对学习的安排没有特定的时间表，只要达到自己所订的每日计划便可。"我会给自己定每日的小目标，比如一天要背多少个单词，要弄懂哪些知识点，完成这些才能回寝室,每日也基本是在晚上10点以后了。"他说,一般情况下学习的时候不会带手机,回寝室的时间基本是以学校的铃声和晚上工作人员关灯的时间为准。

他喜欢钻研各科的题目,以一个题目所涉的知识点为基础推出各种不同的题型,直到将这个知识点研究透彻。在学习上,他也有自己的"小毛病","做题的时候只要我做的和答案不一样,我就认为答案是错的"。在这种情况下,他就会找各种方法验证他是对的,就算到最后证明了他是错的,至少他对这个知识点的印象也加深了。

"每次到期末考的时候,我们寝室就会变得特别热闹。"康见平说,其他寝室的人每到期末就会跑过来问题目,有时候会问到凌晨一两点。他们寝室的学习氛围是最好的,寝室四人中,有三人在大一时都获得了奖学金,四个人在班级里的成绩排名都在前十,其中两人更是占据了班级第一名和第二名的位置。在遇到不会的问题时,寝室四人会一起学习研究,一步步分析直到明了。"在图书馆借的资料我们一般不会借同样的,这样方便看不同的知识构图。"做到在寝室里资料、知识共享。他觉得,室友们一起学习不但能增加友谊,还能加深对各科知识的印象。

(学生记者　蔡贤嘉)

李广润：争坐第一排的学霸

2017年度国家奖学金获得者李广润

从大一到现在，专业成绩年年第一，高数、线性代数皆难不倒他。不少同学喜欢称呼李广润"学霸""学神"，而他却不以为然，总是谦虚地说："我并不聪明，只是背后多付出了一些努力。"

从小学三年级就和爷爷奶奶一起住的李广润说，虽然爷爷奶奶是农村人，但他们从小就教育自己如何成人。"正是因为他们，我才更加懂得学习的珍贵。"

学霸养成：上课总坐在第一排

大一、大二专业成绩第一，一次性通过大学英语四、六级考试，成功拿到国家奖学金……对于李广润来说，这些其实不算什么。"身边很多同学也很厉害，我能取得这些成绩只是因为我多制订了一些计划、多付出了一些努力。"

经过12年的寒窗苦读，大学的轻松生活会让很多人变得迷茫，而李广润并非如此。进入大学后,他就给自己制订了详细的学习计划,每天上课总坐在第一排,自习也从不缺堂,即使到了大二也是如此。

"虽然大二班级不要求去上晚自习,但还是会找个教室复习、看书。"他表示每次上自习都是按照自己的计划表进行,"每天把要做的事情做完,我认为效率是最重要的"。

不少大学生都觉得大学英语四、六级考试难的时候,学习自动化专业的李广润一次性通过了这两门考试。谈到秘诀,他说背单词、刷习题很重要。"四、六级考试报名后,我会把背单词安排进计划表中,晚自习时会复习已经背过的单词并坚持刷题,保持手感。"

一分耕耘,一分收获。大三开学没多久,李广润的努力便给他带来了一个惊喜。辅导员告诉他,根据两年的成绩,他被推选为国家奖学金获得者之一,听到这个消息,李广润很激动。"对我来说,这是莫大的荣誉,也是学校对我的肯定!"在欣喜之余李广润也开始反思自己的学习状态,"大二暑假结束后,我感觉自己学习热情有些下降。这次获奖是激励,我要更加努力才行"。

休闲娱乐:喜欢热门手游更喜欢羽毛球

提到"学霸",大部分人脑海里难免浮现戴着眼镜、神情呆滞,但李广润恰恰相反。178cm的身高,清秀的模样以及阳光的气质,不少人私下称他为"男神"。

"其实有时候,相对于'学霸',大家更喜欢叫他'学神'。他不仅学习好,长得还帅。"与李广润同一个专业不同班的高祥说,很多同学课间会拿出手机刷微博,李广润则走上讲台请教老师问题,"他是一个很刻苦、耐心、认真的人"。

与一些"学霸"不同的是,李广润的学习模式是劳逸结合。时下热门的手游,他也时常玩,"看到很多人玩一款游戏,有时自己会试试,跟上'潮流'嘛"。不过,李广润并不推荐把打游戏作为主要的休闲方式。"我更喜欢打羽毛球来放松自己。"

刚入学时,一次偶然的机会,李广润在体育馆接触到了羽毛球,自此他就被深深吸引住了。"以前高中很忙,基本没有打过。上了大学才发现原来羽毛球那么有趣。"为了更好地接触羽毛球,李广润加入了羽毛球协会,还曾代表院里参加了校级羽毛球团体比赛,获得第四名的成绩。回忆起那段时光,他表示通过打羽毛球,不仅锻炼了身体,还结识了很多要好的朋友。"我很喜欢打羽毛球,通过面对面的运动交流,比打游戏更有意思。"

未来发展:多参与实践但以考研为重

"最近一直在忙着大学生科技创新培育项目选拔赛。"李广润介绍,在老师的建议下,他和另外4个同学组成科技小组,打算研究一款零件智能检测装置。"现在市面上还没有根据零件运行中松动的情况来检测零件寿命的装置,所以我们准备申请专利,想以后参加大学生'挑战杯'比赛。"

作为组长的李广润,除了要负责填写申报书外,还要帮助其他成员处理单片机、传感器的问题。除此之外,他们现在遇到的最大困难是能否运用到实际操作中。由于这个程序需要用矩形的线性代数测量相关常数,所以计算零件寿命的具体公式并不好找,小组成员正极力寻找解决方案。

在谈到未来发展时,李广润表示他更想考研,进一步充实自己。"大一就想过这个问题,那个时候便决定考研。"自从有了考研的目标,他学习更有动力了。"对我来说,考研并不是一个学期的事情。特别是我学的专业,如果不从大一开始奠基肯定是不行的。"

为了更好地掌握老师上课的教学内容,李广润习惯提前预习。对特别难懂的高数和线性代数,李广润特地买试卷做习题。"大一学习高数和线性代数时有很多不懂的地方,需要边学边做。大一一年做了60多张试卷。"

大三,李广润真正投身为考研做准备。国庆节回来后,他与几个研友一起去报考研班。但由于报名时间太晚,他们被通知课程已经满员了。为此,李广润一直"死皮赖脸"求着老师让他们一起参加。"后来老师实在拗不过我们,就让我们自己搬桌子去第一排坐"。现在每个周三下午和周日,李广润都和小伙伴们一起去上课。"我们每次上课会去早一点,为了可以占住第一排的'宝座'。"

虽然李广润将考研作为如今的目标,但他同时认为,考研并不是唯一的出路。"就像我的室友现在写软件出售,在校一个月可以挣好几千。每个人的路都不一样,适合自己才是最好的。"

(学生记者 肖奇琳)

闫安慧：用努力成就自己的未来

2018年度国家奖学金获得者闫安慧

闫安慧，中国共产党党员。安庆师范大学数学与计算科学学院2016级信息与计算科学专业的学生，曾获得"国家奖学金""国家励志奖学金"，两次"一等奖学金"，两次"学习标兵单项奖学金"，以及"创新创业单项奖学金"和"宣传标兵单项奖学金"，也获得了校级的"三好学生标兵""优秀学生干部"和"优秀共青团员"称号。除此之外，在2017年高教社杯全国大学生数学建模竞赛中获得了"省一等奖"和"国家二等奖"；在2018年美国大学生建模竞赛获得Honorable Mention（二等奖）；第三届全国高校密码数学挑战赛获"一等奖"；安徽省大学生物流创新设计大赛获省级"一等奖"；第八届MathorCup高校数学建模挑战赛本科组获"三等奖"。

"勿自暴，勿自弃，只要付出过认真和努力，不论是任何事都有勇争第一的心态，那么我相信成功就在不远的前方。"她思想积极上进，在2018年12月26日成为一名中国共产党党员。

在自律中进步

刚进入大学时,闫安慧给自己定下了目标:学习上一定要拿第一!在刚开学的班委竞选中,她信誓旦旦地说自己要拿第一,即使知道自己入学的成绩是班上比较低的,但是"言必行,行必果,果必有终",不能光说不做。所以她一直努力学习,每天都做好每堂课的笔记,课后把自己不懂的知识及时补救,不会的就上网查资料或者询问老师。"刚开学那一个月,可能进入状态比较慢,有的时候不知所措,但是慢慢的我找到了自己的方向,每天给自己做好规划。"

期间,她也遇到了不少的挫折和诱惑:由于一度沉迷于追剧,打乱了她的计划,甚至之前养成的习惯也随之破灭。她意识到自己落下的进度,开始不断地调整自己。"一失足,成千古恨","有了一次的教训,我开始更加严格的要求自己。不忘初心,方能始终"。

闫安慧开始每天反省自己的过错,每个星期反省自己所做的事情。就这样一直朝着"第一"的方向走。她一直坚信,成功要靠三件事才能赢得:努力,努力,再努力!所以,无论是学习,还是工作,她都会努力去做,努力去完成,哪怕最后没有成功,至少自己有了收获。

在服务中成长

作为班级的学习委员,闫安慧经常帮助同学解决学习上的问题,也是老师的得力助手。学习委员的职责就是为大家创造一个良好的学习氛围,激发大家的学习热情。首先自己要起到带头作用,她积极组织大家讲解问题,并且帮助同学们解答疑问。在期末考试前,带领班里同学进行期末复习,帮助同学们进行集体复习,划重点,等等,深受班级同学的认可和赞同!作为班委会的一名成员,一直积极配合班级工作,具有团队合作意识,和其他班委共同为班级服务,争取荣誉。

闫安慧还担任了大一的班主任助理,经常会去看他们自习,并为他们解答疑问。刚开始的时候,学弟学妹们的问题比较多,但是她每次都会耐心的解答他们的问题,"有的时候问题可能会难住我,我便会让他们先去做别的事,我解出来再告诉他们,有的时候可能第二天才会告诉他们,但是这个过程让我收获了很多自己没有打牢的知识"。

吾日三省吾身

闫安慧每天睡觉前会想自己今天做了什么事情,收获了什么,有没有按时完成自己的计划。既然有规划和目标,若未能及时的完成,也是一件很苦恼的事情。

她认为,要想成为一名优秀的大学生,就该具备"吾日三省吾身"的品质,这同样需要认真和努力。只有这样,才能在大学这个小领域中收获到知识,收获到果实,收获到经验,勇争第一。

姚子瑜：勿忘初心，怀揣本真

2018年度国家奖学金获得者姚子瑜

"人的内心就像树一样，树越是向往高处的光亮，它的根就越要向下，向泥土，向黑暗的深处延伸。"这句话正是安庆师范大学汉语言文学专业2017级（2）班姚子瑜的真实写照。在2017～2018年的综合测评中，她连续两次年级排名第一，获得校级一等奖学金。不仅学习上名列前茅，她还积极参加各类赛事及志愿活动，踏实努力地谱写出属于自己的人生篇章。

"地基"稳了，"高楼大厦"才能建成

回想起刚进校的场景，姚子瑜说："记得第一眼看见的就是敬敷书院和红楼，古朴典雅的风格让我一下就爱上了这里。当时内心特别激动，对四年崭新的大学生活充满向往。"

面对优美的校园环境，姚子瑜在内心暗暗定下要求。她说："虽然高考已经结

束,可以适当放松一下,但大学的专业课学习还是不可以松懈,课本知识一定要抓牢。"她表示,自己在学习之余还会通过参加比赛和活动提升自己的实践能力,提升自己的综合素质。

"只有'地基'稳了,'高楼大厦'才能建成。"在姚子瑜看来,专业课的学习就是"地基",未来能有更好的发展少不了踏实努力地学习专业课。对于专业课,她坚持课前认真预习,课堂积极回答问题,课后主动向老师请教,和同学交流。

所有的努力都不会白费,她在两次期末考试中均获得年级第一名,并在综测中获得年级第一名。在每个学期的开始,她都要制订一份计划,为这个学期定下任务,一步步接近并最终实现。假期回家后,她也会总结一下本学期有哪些不足,补充好笔记,为下一学期做好充分准备。

实践提升能力

参与社团、社会志愿活动、各类竞赛……除了专业课学习上表现优异,姚子瑜认为实践能力的提升也同样重要。通过参加暖芽志愿活动,姚子瑜与一些有先天缺陷的小朋友有了亲密接触后说:"这些孩子都很爱学,看到他们就觉得自己没有不努力的理由。"

姚子瑜还经常前往养老院和孤寡老人家,陪老人聊天。她说:"一个人的力量虽然很小,但是尽自己之力,问心无愧,善良就是一种坚持。同时也很感谢安庆师范大学这个平台给了我能参加这些活动的机会,这是我从小学到高中都无法体验的。"

除了参加社会实践,姚子瑜还担任着班级学习委员和学院社团理事的职位。作为班级主要班委,她承担着许多工作任务,她认为通过学习委员的工作可以锻炼自己的管理能力,为班级和同学们贡献自己的一份力量。

大学让自己更独立

"大学是我第一次离开家,参与集体生活。"姚子瑜认为大学的生活改变了自己很多,她说:"大学让我更懂得如何与室友和同学们相处,生活中我也变得更独立,更懂得承担责任。"

无论是在学习,还是在生活上,姚子瑜认为"规律"是最重要的。"能做到规律地作息不是件容易的事,但是一旦让规律变成了一种习惯,我们会发现,曾经觉得难以摆脱的手机放下了,难以读进去的课本也翻开了。"

"勿忘初心,怀揣本真"这是姚子瑜最常说的一句座右铭。对于未来,她有着无限的憧憬。她说:"本科毕业后想继续读研,也期待在毕业那年的暑假能有一次美好的旅行,未来我将继续脚踏实地、坚持不懈,朝着梦想前进。"

(学生记者 汪习习)

科技创新

黄杰：在自律中超越自我

2018年度国家奖学金获得者黄杰

2017年第七届全国大学生电子商务"创新、创意及创业"挑战赛总决赛三等奖，2016年中国高校计算机大赛团体程序设计天梯赛安徽省冠军，2017年中国高校计算机大赛团体程序设计天梯赛安徽省亚军，2017年中国大学生计算机设计大赛安徽省级赛优胜奖……这些耀眼的比赛成绩，仅仅是计算机科学与技术专业2015级卓越班的黄杰大学四年中取得的一小部分。

内动力是推动学习的第一因素

在黄杰看来，他能够连续三年获得校一等奖学金，与两点因素密不可分：自律和内动力。"大一的时候，我便参加了程序设计兴趣组和学科竞赛组，积极自学了课程规划之外的技能和知识。"黄杰表示，自己的学习不会局限在被动的课业任务中，为了完成项目的设计和开发，他会付出百分之一百的努力。"我体验过连续6

个小时在电脑面前深陷泥潭的苦闷,也体验过凌晨3点程序调试成功通过的那种满足。"黄杰说。

规划是黄杰在每一个阶段都会做的事情。"我喜欢把自己每天的学习和生活做一个比较详细的规划,要求自己在规定的时间内完成相应的事情,当天需做的事情绝不拖到第二天。"黄杰表示,自律的学习生活帮助自己克服了身上的惰性,让自己能在"无趣枯燥"的学习中坚持下去。

在比赛中成为更好的自己

黄杰与竞赛的结缘起始于一门课程。"江克勤教授讲授的一堂程序设计竞赛课让我发现,我在编程和算法方面学得不是很好,自己也无法完全独立写程序,那个阶段的我很痛苦。"黄杰意识到,通过实践去多写一些程序和项目,其实是一个了解自己的很好机会,尤其对未来的就业和学术研究很有帮助。正是因为这个契机,黄杰开始陆陆续续投身各个学科竞赛,并崭露头角。

最令黄杰难忘的是参加全国大学生电子商务"创新、创意及创业"挑战赛。当他所在的团队向校赛评委专家组上交创意计划书后,意外地获得了老师的一致好评,老师的建议是让黄杰团队将项目真正实施,并投入商业运营。当时,团队成员都刚刚大学二年级,专业性的开发知识学得很少,黄杰负责系统中一个平台的功能开发。"我什么也不会,但只能顶着压力和疲惫,在一周内学习完一门全新的开发语言,并在半个月内完成开发,顺利结项。"黄杰表示,这段经历除了让他取得了不错的全国比赛成绩外,更重要的,是让他知道人的潜力是巨大的,让他明白了拼搏的意义。

生活中也喜欢忙碌的状态

慢跑和看电影是黄杰的两大业余爱好。在黄杰看来,慢跑可以帮助他增强体魄,身体是奋斗的基础;看电影可以让他看到很多现实生活中见不到的场景,了解许多有趣的事情。压力很大的时候,黄杰就会停下来休息。"休息之后,我就会释然很多,压力在我眼里反而会变成驱使自己前进的动力。"黄杰说。

假期的时间黄杰也会尽量安排得比较满,去旅行,去实践,去学习。黄杰说:"我觉得在我们这个年纪,时间太重要了,不能打游戏。我喜欢忙碌的状态。"

如今,黄杰已被西安电子科技大学计算机系成功录取,即将成为一名硕士研究生。对于下一阶段的学习生活,黄杰表示:"在更高的平台上,肯定有很多厉害的同学,我会保持虚心好学的态度,积极进取,争取在学术和自身技能上取得更大的收获。"

(学生记者　庞彦堃)

江小蝶：在竞赛中修行

2018年度国家奖学金获得者江小蝶

　　连续两年综合测评排名动植物检疫专业第一并获得校级一等奖学金；2017年安徽省生物标本制作大赛二等奖和安徽省"互联网＋"大学生创新创业大赛铜奖；2018年"创青春·中国联通"安徽省大学生创新创业大赛银奖及安徽省"互联网＋"大学生创新创业大赛银奖。

从自卑胆怯到自信干练

　　刚步入大学时，江小蝶就知道大学生活与高中生活有着很大的区别——在大学，不仅要努力学习，更要锻炼自己各方面的能力。为了让自己有一些实践经验，她加入院学生会成为了一名学生干部。院里举办的每一场晚会或赛事，江小蝶都会提前做好发通知、宣传和值班等工作，活动中与活动后她也会做好服务工作。"我深深地感受到为每场活动贡献自己的一点力量是多么的骄傲和自豪。"江小蝶说,通过锻炼她从一个自卑胆怯的孩子到一名自信干练的大学生,在责任中成长并快乐着。

大二期间,江小蝶担任了院学生会网信部部长,运动会、毕业晚会、迎新晚会,到处都有她忙碌的身影。"我开始有机会和更多的人沟通,我觉得这个很重要。在工作中尝试理解不同的思维模式,这会使我为人处世变得更灵活。"

每当深夜做微信推文、剪辑视频感到劳累想放弃的时候,想到同学们的期待,江小蝶又充满了干劲。"虽然没有大的成就,但在这些平凡又辛苦的过程中,我积累了宝贵的经验,并不断发现自己的长处。"在江小蝶和部员的共同努力下,网信部的工作取得了明显进展,学院新媒体建设不断完善。她凭借出色的工作成绩连续两次获得"优秀学生干部"荣誉称号,网信部也在学生会年度工作测评中获得了"优秀部门"称号。

竞赛如修行,累并充实

除了学习和工作,江小蝶还通过积极参加各类竞赛来锻炼自己。对她来说,参加比赛带来的最大收获就是丢掉"不好意思"。"2017年参加安徽省生物标本制作大赛,那是我第一次在正式场合做汇报。"为了保证演讲时不出现一丁点差错,江小蝶反复观看获奖选手的演讲视频,钻研语音语调。然后再站在指导老师和队友面前,一遍遍演练。"直到最后,每句话、每个手势都像是刻在我脑子里一样。"最终,江小蝶和她的团队在比赛中获得了省级二等奖。

对于参加各类比赛带来的收获,江小蝶感受颇多。"参加比赛就像是修行一般,最直接的感触就是累。"江小蝶介绍,每当比赛的策划书有问题时她都要通宵进行修改,一份策划书会改上近百遍。"在这个过程中,我磨炼了自己的耐心,也在一定程度上改正了性格急躁的坏毛病。整个过程虽然累但是很充实。"经过比赛,江小蝶不仅与队友们建立了深厚的友谊,还从他们身上学到了很多专业外的知识和技能。

兴趣广泛,态度专一

在学习上,江小蝶也有一套自己的方法。"我觉得对时间的管理很重要,我一直坚持做日程表,每天晚上准备第二天的任务清单。"江小蝶介绍,任务清单可以让她每天的学习和生活都能从容应对。每次上课她都尽量让自己坐到前排,避免自己分神。目标完成后她会给自己一点奖励,让自己保持愉快的心情。

除了喜欢读书写作，江小蝶还对编程、图片处理和视频剪辑非常感兴趣。"将热情投入到自己喜欢的事情上，一切就都变得顺利起来了。"江小蝶享受编程学习的快乐，她认为在真正喜欢的事情上去创造很有成就感。"我觉得学习和实践并不矛盾，课外实践也是一种学习。无论做什么，专一的态度很重要。"

在老师和同学眼中，江小蝶是个踏实独立、执行力强且追求完美的人。对于获得的奖励和荣誉，江小蝶把它们看做是一种赞许和鼓励。"通过锻炼取得的成果，表面上可能只是一张证书或者一份奖金，但其实能力已经内化于心了。"江小蝶认为，竞赛是最好的督促，以赛促学，是参与活动的最大意义。

即将结束大三生活的江小蝶，目前正在全身心备战考研。她认为自己需要学习的还有很多，想去到更大的平台，看到更多的风景。"我不是一个很有理想的人，我只是在每个阶段都脚踏实地，不断总结，调整方向，然后付诸行动。"关于未来，江小蝶相信她会看到更大的世界，也会有更多的收获。

（学生记者　胡雅丽）

孙凤仪：创新路上的探索者

2017 年度国家奖学金获得者孙凤仪

回想起 2017 年 8 月 11 日，"神雾杯"第十届全国大学生节能减排社会实践与科技竞赛在北京颁奖的盛况时，孙凤仪还是激动得无语言表。"我们团队的作品获得了全国二等奖，当拿到奖杯的那一刻真是开心得想要跳起来。"

来自资源环境学院环境科学专业 2015 级(2)班的孙凤仪，一个戴着眼镜、扎着马尾、说话轻声细语的文静小姑娘。看似柔弱的身体里却有大大的能量：高分通过大学英语四、六级考试，连续两年获得校一级奖学金，分获国家励志奖学金、国家奖学金。在学习方面，她从不肯放松对自己的要求，样样做到最好；获得"三好学生标兵"称号，荣获"挑战杯"全国大学生课外学术科技作品竞赛安徽省二等奖，全国大学生节能减排社会实践与科技竞赛国家二等奖。在实践方面，她更是毫不松懈，全力以赴，用行动演绎精彩的大学生活。

寝室似乎只是一个睡觉的地方

告别了高中的约束,很多人都想着"我上了大学要怎样",孙凤仪也不例外。"我高中上的是私立中学,那里优秀的人非常多,我那时候成绩中等,很不起眼,甚至还有点自卑。"进入大学后,孙凤仪和其他的学生一样,积极竞选班干,参加各种组织和社团的面试,但遗憾的是结果一一落选。可她并没有自暴自弃,"没有班级、学生会的职务在身,反而有更多的时间去学习。"孙凤仪这样说。

大一时她去的最多的地方是图书馆和自习室,室友曾经开玩笑地说寝室对于她似乎只是一个睡觉的地方。"我觉得在图书馆学习会更有自觉感,不过现在去的少了,那里都被考研的人占满了,现在大多是在教室自习。"每天早上6点起床去自习,晚上10点半回宿舍,孙凤仪没有觉得任何辛苦,反而非常享受这样充实的时光。

非英语专业的学生大二才可以参加大学英语四、六级考试,但在大一的时候她就已经背过2遍四级词汇了。"可能我不是最聪明的,但我想成为最努力的那个。"当2门考试均以高分通过,专业、综合测评成绩均为全班第一时,孙凤仪很开心,自己的付出终于得到了回报。

实践让大学生活没有遗憾

"不同于一般污水处理器是在污水排放后进行净化,我们的设计是从一开始就在根源对污水进行处理,不过,由于污水处理装置较小,更多的适用于农村和船舶……"提起前段时间刚刚获奖的节能高效小型污水处理装置,孙凤仪很是自豪。她参与的一种节能高效的小型污水处理装置不仅荣获了第七届"挑战杯"大学生课外学术科技竞赛安徽省二等奖,还斩获了全国大学生节能减排社会实践与科技竞赛国家二等奖。

大一的孙凤仪花了大部分时间去学习,虽然也取得了不错的成绩,可是总觉得缺点什么。"其实我内心是非常喜欢实践的,就算刚刚进入大学参加很多组织面试被拒,但经过一年的学习后,我觉得我有足够的能力做更多的事。"

于是,大二的生活开始变得多彩起来。不畏之前的失败经历,孙凤仪积极参加资源环境学院的"绿动未来科创服务中心"面试,成为实践部副部长,带着成员们进行一次次的探索实践。除此之外,她还主动联系老师,参与安庆的水体沉积物重金属污染研究,暑假去井冈山参加党员培训,在"三下乡"中做起了共享单车的调查……在实践的路上,她乐此不疲。

做一个独立的学霸

虽然是独生子女,但是孙凤仪一点也不娇气,反而非常乖巧懂事。父亲身体不好,这让她比同龄人更加独立,在上大学后她更能理解父母的不易,学习之余还积极报名学校图书馆的勤工俭学职务,为家庭减轻负担。"之所以选择图书馆,其实也有自己的小私心,在这里工作,借书、读书也比较方便。"孙凤仪笑着说。

除了专业书籍,孙凤仪也非常喜欢读一些小说,偶尔也追追剧,但是非常懂得合理安排时间。她觉得学习氛围非常重要,因为其他几个室友都是学霸,所以互相之间也能监督。"我特别喜欢一句话,大意是说:如果你现在的努力没有得到回报,那只是因为你以前不够努力,所以我会更努力。"孙凤仪坚定地说。

大三的孙凤仪学习和实践一样也没落下。"我觉得我的大学已经非常精彩了,读了很多书,也做过很多事。现在我就安心准备考研了,希望能有个好结果。"谈到未来,孙凤仪对自己充满信心。

(学生记者　李海云)

章海燕：创新团里的巾帼花

2017年度国家奖学金获得者章海燕

每天早上6点起床去教室自习写代码，晚上10点半回寝室再继续看书写文档。这种状态章海燕持续了大二整整一年。

从一开始进入大学的什么都不懂，到获得第三届"互联网＋"国赛三等奖、NEXT IDEA"智能硬件"国赛三等奖、全国大学生物联网创新应用大赛全国三等奖、首届中国高校计算机大赛团体程序设计天梯赛安徽省冠军……计算机与信息学院物联网工程专业2014级（2）班的章海燕说，"踏实"两个字是她取得所有成绩的关键。

老师是人生重要的指路明灯

大四的章海燕已经拿过数不清的奖项，在谈到对她实践影响最大的人时，"老师"两个字脱口而出。

不同于一般女生，章海燕非常喜欢数学，她说自己数学比较突出是因为高中遇到了好老师，也是因为数学，自己选择了物联网专业。"大学里对我影响非常大的还是我们院的老师们，一开始我们写代码做程序，什么都不懂，经常深夜一两点还在问老师题目，但没过一会就能收到老师的回复。"尤其是参加全国大学生物联网创新应用大赛时，差不多花了好几个月的时间去准备。每天待在实验室，先是写文档，一遍遍的修改完善，直到最终完美呈现。"你用心去做的一件事，终于看到了回报，那种感觉真的非常棒。"章海燕说。

"临危受命"的班长

"我学的是理科专业，班上男生比较多，记得刚刚大一的时候班级纪律并不好。"章海燕说全班48个人，只有13名女生。男生多的班级管理起来还是比较困难的，经常有人逃课，尤其是天气恶劣的时候，大家都不想出门。但是章海燕觉得，班级是一个整体，大家应该团结，才会有凝聚力。

大二班干换届时，章海燕积极竞选了班长的职位，立志把班级学风变好。"我觉得我是个还算严格的班长，不会给任何人开后门，而且对于纪律、逃课这块尤为上心。"章海燕回忆到，一开始经常有同学逃课，她就一个一个给他们打电话，叫他们过来上课。"其实大部分人都不是真的不想上课，他们就是缺少监督，因为每次我一打电话他们就立马来了。有时候有同学是真的有事不能来上课，我了解情况后也会帮他们请假，这样也给老师留个好印象。"

功夫不负有心人。大二期末考试，全班只有两个人考试不及格，刷新了历年新低，老师同学们纷纷对章海燕这个班长竖起了大拇指。

学习，永远不该停下脚步

大学的学习不同于高中，更多的是靠自觉，于是很多学生习惯于考试前"临时抱佛脚"，章海燕说她则是每节课都会认真听讲、做笔记，课后及时复习巩固，所以考试前一点也不慌张。"而且我特别喜欢数学，这一点也给我考试加分不少，很多人都怕高数，我却可以学得很好。"章海燕说。

出生在普通家庭的章海燕从小就承载着父母的很多期望，"我家条件并不好，所以爸爸妈妈都希望我在大学好好努力，可以继续考研。"大四的章海燕正在为考研而奋力拼搏。"父母文化程度都不高，却给我树立了非常好的榜样。"章海燕说起妈妈对爷爷的孝顺，在爷爷生病时立马把他接到身边照顾，这点让她非常动容。

"我爸妈并不会跟我说什么大道理,但是他们会自己做给我看,'无论做什么都要踏实',这是父母告诉我的,也是我一生的至理名言。"

未来还长,学习也会一直进行到底。章海燕表示:手握着父母给的"宝典",以后也会以更好的成绩回报父母、回报母校。

(学生记者　李海云)

顾涛：快乐的"竞赛大神"

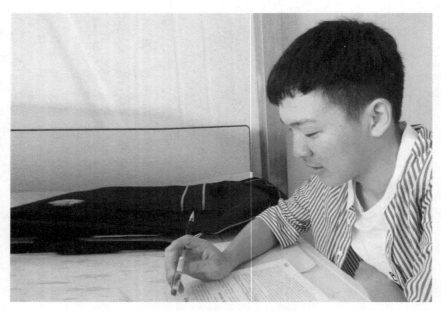

2017年度国家奖学金获得者顾涛

连续两年专业课总成绩班级排名第一，连续两年获得校一等奖学金，大一时获得国家励志奖学金、首届中国高校计算机大赛团体程序设计天梯赛安徽省冠军，大二获得国家奖学金、安徽省2017年"华信智原杯"大学生程序设计大赛本科组二等奖、安庆师范大学第一届程序设计竞赛一等奖……始终在学习与活动中游刃有余，他就是安庆师范大学计算机与信息学院计算机与技术卓越班的顾涛。

学习：心静心净，寓学于乐

数字电子技术100分，高数99分，专业课成绩几乎都在90分以上，同学们眼中的顾涛是一个不折不扣的学霸，但是顾涛坚持说自己并不是学霸。"我只是以一颗平常心做好自己的事情，并没有什么了不起，考试成绩的偶然性因素太大了，我就是运气好。"

相比其他国家奖学金获得者,顾涛的学习稍显"轻松",没有太多的挑灯夜读,也没有整日埋头于题海不可自拔。凡事认真对待,追求效率,这才是他取得好成绩的关键。

心似平原放马,易放难收。在顾涛看来,做好任何一件事情的前提都是沉下心来。"在宿舍我不玩游戏,怕沉迷进去浪费时间,保持一个平和的心态才能专心做好手头上的事情。"

如果有100张车票,在人工售票窗口卖出1张,在网上售出1张,剩余车票98张,程序却自动默认为99,这个问题要怎么解决?这类问题是顾涛在学习中常常需要思考的。"设计什么样的程序才能解决问题,复杂的算法怎么熟练掌握,看似刻板的公式怎么去灵活运用,这些都是我平常付出精力和时间去解决的。"

一般人眼中枯燥乏味的编程题目,在顾涛眼中却是一个趣味无穷的乐园。"有时候想出一个问题可能需要花费好几天的时间,可是找到答案时的那种成就感让我觉得很满足。"

比赛:心态平和,尽力而为

2016年代表学校在首届中国高校计算机大赛团体程序设计天梯赛中获得安徽省冠军,2017年"获得华信智原杯"大学生程序设计大赛本科组二等奖,获得安庆师范大学第一届程序设计竞赛一等奖……顾涛在短短两年时间内,就在大大小小比赛中取得了令人艳羡的成绩。

在准备中国高校计算机大赛团体程序设计天梯赛前,顾涛需整个暑期待在学校进行赛前训练。"大夏天的,温度很高,我们每天都要顶着烈日去教室听老师讲题目,教室里同样闷热。"顾涛说。他介绍,比赛的时候,坐在电脑前做题,几个小时的时间必须要全神贯注,心无杂念才能在扑朔迷离的题目中找到思路。

经常被周围人称为"比赛大神"的顾涛,对"大神"的标签总是一笑置之。"每次比赛之前我没有很多想法,也从不给自己预设目标,觉得还是要有一颗平常心,尽力而为也就没有什么遗憾了。"

带着这样一颗平常心,顾涛在合肥工业大学举办的安徽省程序设计竞赛培训班顺利结业,与全省程序设计爱好者共同学习交流,获得了许多宝贵的经验。"外面的大神真的太多,感觉自己跟真正的牛人差距还是很大。"

(学生记者 黄罗曼)

冯孟雅：脚踏实地的实践家

安徽省计算机设计大赛一等奖获得者冯孟雅

冯孟雅，中国共产党预备党员，安庆师范大学计算机与信息学院数字媒体技术专业学生。在校期间曾先后担任计算机与信息学院大学生科技创新活动中心学习部部长、2014级数字媒体技术专业生活委员；曾获得国家励志奖学金、校一等奖学金、校二等奖学金、创新创业单项奖学金、学习标兵单项奖学金、志愿服务单项奖学金，以及"科技创新积极分子""三好学生""优秀共青团员"等荣誉称号，是安庆师范大学安徽省智能感知与计算重点实验室成员、安庆师范大学指尖科技工作室团队成员。

在思想上，积极向上，不断提高政治素养

在思想上，冯孟雅热爱祖国，拥护中国共产党的领导，诚实守信，严格遵守学院各项规章制度，积极向党组织靠拢。2014年入学她就向党组织递交了入党申请

书,定期汇报思想状况,2015年9月成为入党积极分子,并经过党组织的慎重考虑于2016年12月成为一名中国共产党预备党员。在此期间,她时刻以一名共产党员的身份严格要求自己,通过系统地学习《党章》,认真学习马克思列宁主义、毛泽东思想、邓小平理论、"三个代表"重要思想、科学发展观以及习近平新时代中国特色社会主义思想,用理论知识武装自己,使自己不断进步。

挥洒辛勤泪水,强化知识结构

冯孟雅始终牢记:学习是学生的天职。始终坚信自己的信念"既然选择了远方,便只顾风雨兼程"。功夫不负有心人,在老师、同学的指导和帮助下,她取得了优异的学习成绩:在2015~2016学年,智育成绩和综合测评成绩位列第一,获得校一等奖学金、国家励志奖学金,以及"优秀团员""优秀学生干部标兵"等荣誉称号;在2016~2017学年,智育成绩和综合测评成绩再次位列第一。除此之外,她还一次性通过计算机三级考试,获得混合移动应用开发工程师初级资格认证证书,主持并参与安徽省创新创业培训项目,安庆师范大学创新创业培训项目,多次获得安徽省计算机设计大赛省级一等奖和三等奖、中国大学生数学建模竞赛优胜奖,参与安庆师范大学志愿服务平台和安庆师范大学大学生职业规划平台项目的开发,还为企业开发网络应用系统并获得一定的经济效益,如安庆智德环保微信公众号的开发和安徽河海泵阀官网的制作等。

脚踏实地,认真负责

冯孟雅从大一入校就积极加入计算机与信息学院学生会和大学生科技创新活动中心。作为团体中的一员,她积极参与各项比赛与活动,踏踏实实服务于全院师生,认真履行自己的工作职责,贡献自己一份微薄的力量。学生组织中的工作经历让她了解团队合作的重要意义。作为班级的生活委员,协助辅导员保管班费,整理账目,同时每月向班级同学公布经费的使用方向,接受民主监督。由于工作中的优异表现,她先后多次被学校授予"优秀志愿者""先进个人""优秀学生干部标兵"等荣誉称号。

拓展实践,翱翔成长

在校期间,她积极响应学校号召,热情投身社会实践,在社会中锻炼自己,在实践中提升自己。她主动参加市级、校级各类志愿者活动,把奉献、友爱、互助、进步的志愿者精神牢记在心,实践于行。她曾担任第六届安徽省百所高校百万大学生科普创意创新大赛校级志愿者,由于表现优异,被授予"优秀志愿者"荣誉称号。同时作为指尖科技工作室的成员,她积极参与项目的开发。大学期间的社会实践让她在获得历练的同时,更加懂得了如何通过积攒经验让自己更加成熟,通过总结教训让自己更加进步。

一个人不管曾经取得怎样的成绩,只代表着过去。一切成绩终究会成为浮云,不能因为一时取得成绩而骄傲,也不能因为一时成绩不理想而气馁,心中应该要有更高的追求。学习如逆水行舟,不进则退。只有不断地努力,才能创造更美好的将来。冯孟雅相信用自己的双手能创造属于自己的未来。时间还在继续,生活还在进行,她会依然拼搏努力,不断提高,争取在各个方面全面发展。

桂祥：追求卓越，创新无悔

安徽省大学生课外学术科技作品竞赛一等奖获得者桂祥

桂祥，中国共产党预备党员，就读于安庆师范大学生命科学学院2015级动植物检疫专业。任班级班长、生命科学学院学生会副主席。在校期间，他积极阳光、永不言败、团结同学、甘于奉献，始终坚持自己的创新实践与青春理想，成为了学生群体中的好榜样。

路漫漫上下求索——学习与工作

书山有路勤为径，学海无涯苦作舟。来自山里的桂祥深深地知道学习的重要性，他说：寒门亦能出贵子！

在2015~2016学年综合测评中，桂祥同学排名专业第四，获得校级二等奖学金、校级创新创业单项奖学金、国家励志奖学金。

在2016~2017学年综合测评中，桂祥同学排名专业第一，获得校级一等奖学金、校级创新创业单项奖学金、发明创作单项奖学金、国家励志奖学金。

青山座座皆巍峨,壮心上下勇求索。除了学习,他还积极参加学生会工作。在校期间,他任职2015级动植物检疫专业(1)班班长、院学生会副主席、院团总支组织委员。在2017年雷锋月中,由他所组织举办的公益活动得到了安庆市广电局的大力表扬。

2017年,他是"安徽省十佳大学生"校推荐人,也是安庆师范大学"创新之星";2018年,他是"第十三届中国大学生年度人物"校推荐人。

2017年,桂祥参加了由国家教育行政学院开课的全国高校本专科学生党员网络培训班,顺利完成学业,获得学时证明。

不断地努力,总会有回报。最终桂祥荣获了"学生会优秀干部""优秀学生干部""校园文化先进个人""优秀学生干部标兵""优秀共青团干"等荣誉称号,更重要的是,在求索的过程中,他收获的更多的是经验和自信。

开拓创新求卓越——创新之路

海阔凭鱼跃,天高任鸟飞!大学,这是人生发展一个极其重要的分水岭。多少人成就了传奇,多少人成为了笑话。在这里,桂祥不希望过一成不变的生活。生活需要创新!

从大一至今的两年半里,桂祥在科技创新领域,共获得1项由国家教育部颁发的国奖和7项由安徽省教育厅颁发的省奖。

2016年6月,他作为队长,带领团队获得了"白云春毫杯"2016中国(安徽)大学生茶文化创新大赛一等奖和创意主题茶艺表演赛金奖。他们的作品《徽茶文化旅游O2O服务平台创业计划书》一方面将茶文化与茶产业结合,促进了徽茶的产业发展,另一方面在O2O电子商务模式日益发展的今天是对徽茶产业最好的宣传。

持之以恒,方得始终。在随后的一年多时间里,桂祥又陆续获得了安徽省首届"老明光杯"食品创新大赛优秀奖,2016年安徽省大学生标本创新大赛一等奖、三等奖,"徽府茶行杯"2017中国(安徽)大学生茶文化创新大赛团队赛二等奖等7项省级奖项。作品紧联科技创新,立意新颖,每件夺人眼球的作品都获得了不错的名次。

鹏程万里击天鼓——"挑战杯"与专利

有志者事竟成,破釜沉舟,百二秦关终属楚。苦心人天不负,卧薪尝胆,三千越甲可吞吴。众所周知,"挑战杯"系列竞赛是全国性的重大赛事,其含金量在各类创新科技竞赛中首屈一指。在2017年举办的第七届"挑战杯"安徽省大学生课外学术科技作品竞赛中,桂祥团队的作品《鹞落坪国家自然保护区大蚊总科物种调查及分类研究》荣获大赛自然科学类学术论文一等奖,并成功代表安徽省参加第十五届"挑战杯"中国银行全国大学生课外学术科技作品竞赛,最终获得全国二等奖的佳绩。该赛事历时近一年,一年的时间里,他时刻坚守本心,不断推陈出新。他的团队创新性地将传统的形态学鉴定和国际上最新的DNA条形码技术相结合,从宏观和微观上共同把控新物种的确立,这项研究是全国首次对鹞落坪国家自然保护区内的大蚊总科物种进行系统的调查,共发现2科6属13种,其中包括1新种和1新亚种,新种和新亚种已经得到国内外专家学者的一致认可。

另外,由他参与研制的"动物标本剥离装置"已获得专利授权,专利号:ZL 2016 2 0231483.0。该装置对于剥离动物标本具有非常好的成效,快速方便,不易出错。该作品就是在参加竞赛的过程中,为了节约时间和成本通过创新最终取得的成果。

领异标新二月花——科学论文

桂祥在参加各类科技创新竞赛的同时,也在各类学术期刊上发表学术论文。

由他和团队撰写的文章《Taxonomy on crane flies in family Tipulidae and Limoniidae from Yaoluoping National Nature Reserve, China, with descriptions of one new species of subgenus Tipula and one new subspecies of genus Nephrotoma》已于2017年10月在《Zoological Systematics》刊出。

此外,他还在《安徽农学通报》发表了题为"柳蓝叶甲对不同植物气味的选择效应""项目教学法中培养大学生团队协作能力的途径探索""安徽省细腰大蚊科新纪录种林氏细腰大蚊的特征分析"等论文。

他知道自己的渺小,所以他更加努力。桂祥说:"只要你想,你就必须要去做。为什么?因为我们是年轻人,我们必须要拿到这个时代的话语权,才能去展示我们的梦想。我本微末凡尘,却也心向天空,我要证明,寒门亦能出贵子!"

朱钧锐：实验室里走出的"创新达人"

2018 年第四届安徽省"互联网+"大学生创新创业大赛创意组银奖获得者朱钧锐

朱钧锐，安庆师范大学生命科学学院动植物检疫专业 2016 级（1）班学生，中国共产党预备党员，任班级副班长。

他自入学以来一直严格要求自己，无论是在学习、生活，还是工作中，他始终保持积极向上、拼搏进取、踏实勤恳的态度，通过学习与实践不断提升自己。

在思想方面，他树立了正确的人生观与价值观，热爱国家，拥护党的领导。他自入学便主动递交入党申请书，不断学习以提高自己的政治理论水平，经过党组织两年的培养与考察，他于 2018 年顺利成为了一名中国共产党预备党员。

朱钧锐始终秉持勤学、笃行的训诫，认真学习。2016～2017 学年获得校级一等奖学金；2017～2018 学年，获得国家励志奖学金和校一等奖学金。2016～2018 年连续两学年获"优秀学生干部标兵"，多次获得单项奖学金。

走出课本,实验室里创新知

朱钧锐在课余时间积极跟随老师参与创新型实验研究,学以致用,通过实践来丰富理论知识。他于2017年在《安徽农学通报》发表《桑天牛成虫对植物气味的行为反应》一文。2018年8月起,带领实验室团队成员参与有关安庆市茶园缨小蜂寄生假眼小绿叶蝉的行为与寄生率的课题研究,该实验目前仍在继续。

在打下良好的专业基础知识后,他积极参加安徽省大学生生物标本制作大赛,在实验室创新标本制作技术,已申请专利"一种家鸽剥制标本的制作方法"。其作品《家鸽教学标本》获2017年安徽省大学生生物标本制作大赛二等奖;作品《"雉"说新语》获2018年安徽省大学生生物标本制作大赛三等奖。在标本制作过程中,朱钧锐把专业知识付诸实践,将死野鸡"变废为宝"制成标本的故事曾被人民日报、腾讯新闻等多家媒体报道。

走出课堂,创新大赛获真知

在大力提倡创新型战略的大背景下,朱钧锐积极参加各类创新创业型比赛,力求在竞赛中培养创新型思维,提高创新能力。

2017年朱钧锐与团队成员共同打造的"互联网+茶文化旅游精准扶贫服务平台"网站以"互联网+"为抓手,结合国家精准扶贫战略,创新性推广茶文化旅游,传播优秀传统茶文化,助力乡村振兴。该项目获得2017年第三届安徽省"互联网+"大学生创新创业大赛创意组铜奖。

2018年他以团队负责人的身份组建了"红叶团队",在半年多的时间里他带领团队以树叶为载体,在实验室里创新性研发叶脉产品。历经波折和失败,他们不断革新叶脉产品制作技术,将现代科技与传统文化相结合,推出创新性高的叶脉文创产品,通过互联网推广引领文化消费新风尚。在实验过程中已申请专利"用可再生材料制作的绿色低碳茶滤及制作方法、使用方法"。为积极响应竞赛成果转化与产学研紧密结合的号召,朱钧锐在淘宝网开设网店,大力推广产品。在2018年"创青春"安徽省大学生创业大赛上,他带领团队创办的"红叶脉文化创意有限公司"获得安徽省银奖。同年获得2018年第四届安徽省"互联网+"大学生创新创业大赛创意组银奖。

创新创业比赛结束后,他带领2017级学弟学妹继续优化创新叶脉制作工艺,历时数月逐步攻克叶脉雕刻、叶脉作画的技术难题,并申请专利"一种高效刷制叶脉画的工具",以保护知识产权。以叶脉雕刻与叶脉画为主题的作品《一脉相承》制作完成后获得校内外师生一致好评,获得 2018 年安徽省大学生生物标本制作大赛二等奖。

在参加 2018 年第四届安徽省"互联网+"大学生创新创业大赛时,朱钧锐作为主要负责人同时带队参加"青年红色筑梦之旅组"竞赛。创业项目"大别山茶旅精准扶贫信息平台"以大别山贫困地区为基地挖掘旅游路线和旅游商品,利用互联网技术构建大别山茶旅精准扶贫信息平台,帮助贫困户把绿水青山变成金山银山。项目致力于利用高校的智力、技术、人才和资源,开辟一条精准扶贫的新路径,助力乡村振兴。该项目最终获得 2018 年第四届安徽省"互联网+"大学生创新创业大赛青年红色筑梦之旅组银奖。

朱钧锐还积极参加专业学科创新竞赛,其中,《牛蛙皮明胶提取工艺优化》和《便携式自助调和饮品杯》分别获得 2017 年安徽省大学生食品设计创新大赛二等奖、2018 年安徽省大学生食品设计创新大赛三等奖。"创新茶艺表演,传播优秀传统文化"获得 2017 年中国(安徽)大学生茶文化创新大赛二等奖。

2016~2018 年,朱钧锐在穆丹老师的指导下共获省级奖项 10 项,申请专利 3 项。

走向实践,志愿服务筑铸使命

在校期间朱钧锐积极参与各类创新创业与学科竞赛,同时在学生会工作中尽职尽责。

2016~2017 学年担任院学生会文艺部干部、校学生会体育部干部、国旗护卫队队员及健康之家协会文艺部部长。认真完成院、校学生会及社团工作,履行升降国旗职责,获得院"优秀干事""安庆师范大学优秀国旗手"荣誉称号。

2017~2018 学年任健康之家协会会长,任职期间热心公益服务,组织并参与安庆市志爱家园残障儿童康复中心志愿服务。同时参与 2017 年和 2018 年全国高校防艾基金项目申报工作,共申请基金 9000 元,积极致力于全校师生疾病预防宣传工作。组织安庆师范大学第二届全国大学生预防艾滋病知识竞赛,获得"优秀组织者"荣誉称号。获得该学年安庆师范大学"十佳会长"荣誉称号。

2017~2018 年,连续两年参加安徽省脱贫攻坚第三方评估工作,为国家脱贫攻坚贡献绵薄之力;2018 年 8 月参加安徽省教育厅主办的"青年红色筑梦之旅"活动,用青春和理想谱写信仰和奋斗之歌,走好新一代青年人的红色筑梦之旅。

王礼洋:知行合一,实践创新

2018 国家奖学金获得者王礼洋

　　2项国家级专利、1项省级比赛一等奖、7个校级奖励……王礼洋是安庆师范大学物联网工程专业2016级(1)班的学生,无论是专业课学习,还是实践,王礼洋相信:天道酬勤。大学期间,连续两年智育成绩第一,综合测评第一,获得国家奖学金、校一等奖学金、校二等奖学金,他用行动证明自己"平凡但不平淡"。

合理利用学习资源,相信"天道酬勤"

　　"很有文化底蕴"是王礼洋对学校的第一印象,刚进入大学的他对未来充满期待。他说:"拿着录取通知书踏入大学校园的那一刻,我就告诉自己,大学不是放纵的开始,而是蜕变的起点。"

　　为了实现既定的目标,从大一开始,王礼洋秉烛夜读,将大部分的时间花在了专业课的学习上。所有的努力总会有回报,王礼洋在2016～2017学年获得了校级二等奖学金,在 2017~2018 学年获得了校级一等奖学金,并顺利拿到国家奖学金。

大学期间,王礼洋严格要求自己,为自己制订了学习目标和计划,脚踏实地地去完成每一项任务,充分利用课堂和课余时间,丰富自己的专业知识。

当谈及学习方法和技巧时,王礼洋表示自己会把所学的知识和与专业相关的知识进行结合,构建一套相互关联的知识框架。他说:"其实学习没有捷径,脚踏实地才最重要,只要按部就班地认真对待就会有成果。"

积极实践,荣获两项专利

大一入学时,王礼洋就对自己说:"要多加入社团组织,认识更多的人,锻炼自己的能力。"他积极参加与专业相关的活动和培训,申请加入了学校的大学生科技创新协会,学习相关的知识,并积极参加学校举办的专业竞赛。

经过大一学年基础知识的储备后,王礼洋在大二学年发散思维,将自己的创新运用到实际中。同时,在辅导员和指导老师的带领下,参与实验室团队的项目研究,发挥自己在项目研究中的作用,贡献自己的一份力量。

2018 年,在老师的指导和团队成员的帮助下,王礼洋成功申请"高校食堂消费信息管理系统"专利与"超市商品的自动结算与支付系统"专利 2 项。这是王礼洋获得的荣誉,同时也给了他继续努力的信心。

梦想到达的地方,脚步也能到达

谈及获得国家奖学金的原因,王礼洋认为学习和实践都很重要。他说:"国家奖学金一方面考查学生本科的学习成绩,另一方面也考察学生的实践能力,这两方面都需要取得突出的成绩。但学生的本分还是学习,在保证成绩的前提下,将相关专业的知识进行实践,才是我们需要做的。"

面对即将进入尾声的大学生活,王礼洋觉得三年来收获颇丰。"我认为成功不属于个人,感谢身边的朋友们在学习和生活方面给予我很大的帮助。"他认为大学生活不仅仅只有努力,还会收获很多友谊。

谈及未来,王礼洋表示自己将考研,他说:"梦想到达的地方,脚步总有一天也能到达。只有去了更远的地方,我们或许才能找到自己真正的热爱。"

(学生记者　汪习习)

李玉呈：离开了知识将一无是处

第十届节能减排社会实践与科技竞赛全国二等奖获得者李玉呈

李玉呈，安庆师范大学 2015 级环境科学（2）班学生，在班级里担任学习委员。在校期间李玉呈遵守学校校纪校规，勤奋学习，积极参加各类活动，获得了"优秀共青团员""校园文化先进个人"等荣誉称号。

作为一名大学生，他深知学习的重要性。知识就是力量，科学技术是第一生产力。他认为，一个人如果离开了知识，将一无是处。李玉呈的专业是环境科学，这是一门研究人类社会发展活动与环境演化规律之间相互作用关系寻求人类社会与环境协同演化，持续发展途经与方法的科学，他很喜欢这个专业，时时刻刻都在努力学习专业知识，并参加了许多关于环境保护的社会活动和科研比赛。

实践，认识的来源

大一和大二阶段，李玉呈分别在资源环境学院学生会实践部任部员和部长。

在此期间,他多次联系安庆市环保局和林业局,连续两年组织学生参加义务植树活动、六五环境日和参观污水处理厂,具有良好的专业知识、过硬的素质。

2016年5月,他联系安徽省长江环保协会负责人,很荣幸获得了一次去安庆至铜陵长江段江面调研的机会。他和协会的工作人员一起乘船从安庆出发,在各个排污口取水,检测水质是否达到排放标准。乘船在江面上,李玉呈看到了很多漂浮垃圾;再看看江水,甚是浑浊,随后他仔细查阅了相关资料,觉得环保工作任重而道远,需做出更大的努力。从长江调研回来,得知资源环境学院有一个环保课题科研组后,他主动联系徐院长,恳请加入科研组,希望进行一些专业课题的学习和探究。很幸运,他进入了课题组,开始和老师、研究生一起探讨、学习。他们一直在做环保型防锈涂料,这是一种市场上不常见的环保型涂料,在老师的支持下,项目取得了很大进展,他们成立了安环环保设备销售有限公司,拟研发一些环保设备和一些实验室器材。

2016年11月,李玉呈在一个老师的推荐下进入生命科学学院张晓可老师的实验室。做样品处理实验的经历使他对生物学有了更多的了解,通过环境学知识与生物学知识的结合,他对环境保护有了新的看法。2016年年底,他与老师一起前往大别山寻找一种入侵物种——绿太阳鱼。经研究发现,这种鱼具有强烈的攻击性,对生态的影响颇大。

参与科研,收获满满

2016年暑假,李玉呈参加了暑期"三下乡"社会实践活动,他们团队的课题是"皖南地区农村垃圾处理现状"。整个暑假,他们团队都在皖南地区调研,了解了众多农村垃圾处理的方式与问题,并发现农村的垃圾处理是一个新的污染源,情形严重,需要着力改善。他们仔细严谨调研,认真撰写调研报告,最终这个课题被评为院级二等奖、校级一等奖。

在大二上学期,李玉呈带领安环环保设备销售有限公司员工参加了第十一届昆山花桥杯职业规划大赛暨创业大赛。公司经过大半年的发展,已经有了些许设备,如实验室废液处理装置,这是一种小型的实验室处理实验废液的装置,经济实用、十分方便。他们的项目在比赛中获得了校级一等奖、省级铜奖(创客之星)。紧接着,迎来了第七届安徽省"挑战杯"大赛,此项大赛被称为大学生比赛的"奥林匹克",他担任团队队长,在徐志兵老师的指导下,和队员们一起开始了长期的备赛生活。他们的项目是《SBBR复合风光互补小型污水处理装置的开发》,该装置是一种小型的生活污水处理装置,具有广泛的应用前景。经过一百多天的努力,他们团队在安徽省赛中获得二等奖,虽有不足,但他们仍在继续努力创新。

  2017年的暑假,在"神雾杯"第十届全国大学生节能减排社会实践与科技竞赛上,他们团队的项目《一种节能高效的小型污水处理装置》进了全国总决赛,这是一个令人激动的消息,他们团队的努力得到了回报。随后一个暑假里,他对设备做了大量的实验调试,逐步进行完善。最终,在北京比赛时,获得了全国二等奖,评委老师给了他们很大的鼓励,希望他们能再接再厉,继续创新,为环境保护奉献自己的一份力量。

左俊怡：立志做环保使者

2018 年度"安徽省优秀大学生"称号获得者左俊怡

左俊怡，安庆师范大学资源环境学院环境科学专业 2015 级（2）班学生，任班级副班长。大学期间先后获得了 2017 年"神雾杯"第十届全国大学生节能减排社会实践与科技竞赛二等奖、第七届"挑战杯"安徽省大学生课外学术科技作品竞赛二等奖、2017 年暑期"三下乡"社会实践活动校级优秀调研报告二等奖、2017 年大学生科技创新培育项目选拔赛校级一等奖、2016～2017 年度"创作发明单项奖学金"、2016～2017 年度"创新创业单项奖学金"、"'三下乡'先进个人"和"优秀共青团员"等荣誉称号。

争当环保卫士，做新时代公民

建设生态文明，关系人民福祉，关乎民族未来，是中华民族永续发展的千年大计。左俊怡时刻牢记习总书记"绿水青山，就是金山银山"的话语，谨记"百业要兴，环保先行"的原则,坚持与时代同步,坚持争当环保卫士,做新时代公民。

坚定理想,不忘初心

左俊怡是一名环境科学专业的学生,保护环境,改善环境,这是她从填下这个志愿开始就坚定的理想,也是作为环科人的责任和使命。因此,她努力学习专业知识,并通过参加各类课题实验与比赛项目践行所学的专业知识。

入校后左俊怡除认真学习专业课程外,还积极参与老师的课题项目。大一下学期加入"挑战杯"项目组开始接触环保赛事,接着先后加入多个课题组进行环保课题研究,课余大部分时间都是在实验室度过。大二上学期加入专业老师课题组,参与了"藻类对甲基橙的降解""植物对水中重金属的吸附"等课题的研究。在跟随老师进行课题研究的一年里,她对水污染有了更深一层的认识,并积极和老师讨论自己的一些环保理念,尝试用多种植物及藻类降解水中的污染物质。在过去的方法上加以改进和创新,也尝试寻找新的治理污水的方法,尽管经历一次又一次的失败,但左俊怡对污染处理技术研究的热情丝毫未减。在第七届"挑战杯"安徽省大学生课外学术科技作品竞赛中,她担任主答辩手,历经校初选、复赛和决赛重重考验,最终进入省决赛并获得二等奖。这次她们比赛小组通过理论结合实际,进行大胆创新,将所学知识应用到污水处理技术方面,针对分散型生活污水的处理研发出一种风光互补结合 SBBR(序批式生物膜反应器)的污水处理设备。在比赛过程中,在老师的指导下不断完善作品,发现并改善了自身的很多不足之处。该作品是环保理念付诸实践的一次成功之作,更为左俊怡今后从事环保事业给予了莫大的信心和鼓舞。

大二下学期,左俊怡所在的比赛小组又通过 2017 年"神雾杯"第十届全国大学生节能减排社会实践与科技竞赛初选,来到北京总决赛的现场。在此次比赛中,她再次接触到科技前沿,与各个名校的同学进行交流,学习到了很多新的东西同时也开阔了眼界,为以后的环保之路奠定了基础。最终,她们取得了全国二等奖的好成绩。回到学校后,左俊怡继续努力,参加了 2017 年大学生科技创新培育项目选拔赛。这次比赛项目则是对传统油漆涂料的创新,研发出一种水溶性环保涂料,对环境危害较传统涂料小,该项目最终获得了校级一等奖。2018 年 1 月,左俊怡通过了中国科学院"科创计划"项目申请,加入了中国科学院南京土壤研究所周静老师课题组进行学习交流,并参与了"农田生态系统重金属的净输入通量与植物修复潜力研究"这一课题,这是环保知识与经验的又一次积累。她始终坚定保护环境和改善环境的理想,并不忘初心的在环保之路上前行。

争做环保使者,播撒绿色爱心

经历了多次比赛与课题研究之后,她带队参加了2017年暑期"三下乡"社会实践活动,关注船舶污染问题。夏日炎炎,她带领调研小组出发前往长江码头,在渔业局和长江环保协会的协助下乘坐快艇到航行船舶上进行调研。通过调研她们发现船舶污染问题很严重,且船员环保意识淡薄,于是在调研的同时她们还进行环保理念的宣传,增强船员们的环境保护意识。之后,她带领全组成员撰写调研报告,希望为解决船舶污染问题奉献一份力量,最终该报告获得校级优秀调研报告二等奖。

除了亲力亲为外,左俊怡还发动身边的人加入环保活动中来。在学院,左俊怡大二学年里担任"绿动未来"科创服务中心实践部部长,大三担任总负责人。任职两年期间,积极发动同学参与科研与社会实践,多次举办环保赛事交流活动,带领许多新老同学参与环保实践活动。左俊怡还积极投身公益事业,多次参加义务植树、"六五环境保护日""保护江豚"等公益活动,时刻提醒自己争做环保使者,播撒绿色爱心,希望利用自己的专业知识唤醒更多人的环境保护意识并动员他们加入到环境保护者的行列里来。

与环保同行,收获丰富果实

辛勤付出总会有回报。左俊怡先后在《黑龙江生态工程职业学院学报》上分别以第一和第三作者发表了《"肉牛-蘑菇-炭"秸秆综合利用"生态单元"设计》和《种子萌发的温周期现象》两篇文章。在《中国水运杂志》以第一作者发表了《长江安庆江段船舶固液污染现状调查和对策分析》一文。另外,参与的两项发明专利正在申请中。这是她在与环保同行的路上收获的丰硕果实。

未来,相信左俊怡会更加努力,全方位提升自身的能力,朝着更高的领域和层次迈进,在环保领域发光发热,奉献自己的青春力量。

陈琪：成功绝非偶然，付出才有回报

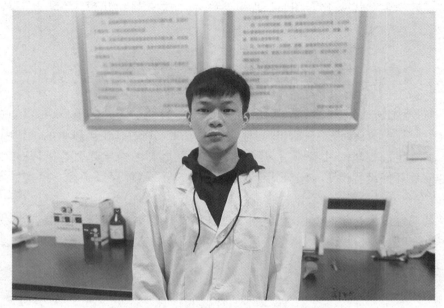

第十届全国大学生节能减排大赛国家二等奖获得者陈琪

陈琪，来自于安庆师范大学资源环境学院环境科学专业2015级（1）班。他十分喜欢自己的专业，他说："我们的地球需要它，我时时刻刻都在努力学习专业知识来提升自己的能力，参加一些关于环境保护的社会活动和科研比赛。"

走出迷雾

入校时他和大多数人一样兴致勃勃地参加了学生会的面试，遗憾的是落选了。看着室友面试成功，他心里既高兴羡慕，同时又感到十分沮丧，产生了心理阴影，开始拒绝参加任何活动，甚至有点厌恶大学生活了，"我不想受打击，不想失败"。

自我调整一段时间后，陈琪开始去了解他的专业，并且慢慢地喜欢上了自己的专业，希望能用所学习的知识为环境保护贡献一份力量。"此时我找到了前进的方向和动力，感受到生活的美好，我开始期待我的大学生活。"

之后他把大部分精力投入到学习中,利用课余时间去图书馆看书、学习,很快通过全国计算机二级考试。同时,他也希望能全面提高自己的能力。于是,在大一暑假,他参加了"水葫芦对重金属的吸附效果"团队的暑期"三下乡"社会实践活动。团队在老师为期半个月的指导下,以认真严谨的态度完成了实验,并认真撰写了实验报告,获得了校级三等奖。同年他还获得"校级二等奖学金""国家励志奖学金"以及"三好学生""优秀共青团员"等荣誉称号,"这一刻我知道了付出总是有回报的"。

爱上了实验室

通过参加暑期"三下乡"社会实践活动陈琪体验到了实验的乐趣,在得知资源环境学院有一个环保课题科研组后,他主动申请加入其中。在科研组的工作中,和老师、研究生们一起探讨,取得了很大的进步。在老师的指导和引荐下,陈琪又参与到"安环环保设备销售有限公司"的团队中,参与一些环保设备和一些实验室器材的研发。

"公司经过大半年的发展,已经有了些许设备,如实验室废液处理装置,这是一种小型的实验室处理实验废液的装置,经济实用、十分方便。我们的项目在一些比赛中获得了非常好的成绩。"

第一次组建团队

"看着学长们获奖我十分羡慕,我也想参加比赛,但又怕自己做不好,我羡慕他们的才华更羡慕他们的勇气,深思熟虑过后我找学长、老师聊天表明自己的想法。"

在老师和朋友们的鼓励下陈琪参加了自己的第一个比赛——第三届安徽省"互联网+"大学生创新创业大赛。第一次组建了自己的团队,在老师的指导和队员的共同努力下,终于完成了作品,建立了"绿动未来"环保公益服务中心。

"绿动未来"环保公益服务中心是与环保企事业单位以及环保组织合作,利用互联网手段开展环保知识宣教、环境问题法律援助、环境技术服务等线上公益活动,并与环境测评、环境影响评价、节能减排社会调研等线下服务活动相结合的线上、线下同步在线服务平台。他们的作品获得了本次比赛创意组铜奖,成绩虽然不是十分理想,但这对于他来说意义重大。

"我勇敢地迈出了第一步,做了一件自己想做的事,让我更加明白成功没有偶然,也没有理所当然,有的只是成功背后付出的艰辛和努力。"

之后,陈琪就开启了他的竞赛路。2017年暑假,他参加了"神雾杯"第十届全国大学生节能减排社会实践与科技竞赛,团队的项目"一种节能高效的小型污水处理装置"进了全国总决赛,这给了他们团队很大的鼓舞。

随后一个暑假,他们对设备做了大量的实验调试,逐步完善产品。最终,在北京比赛获得了全国二等奖,评委老师给了他们很大的鼓励,希望他们能再接再厉,继续创新,为环境保护奉献自己的一份力量。

在老师的指导下,陈琪开始尝试写一些简单的装置专利。通过翻阅大量的文献后,他有了更多新的想法,在老师的帮助下成功申请到了两项关于污水治理的专利,成为了学院里的"创新专业户"。

周星星：以梦为马，不负韶华

2018"创青春"安徽省大学生创业大赛金奖获得者周星星

周星星，入党积极分子，安庆师范大学资源环境学院2016级地理科学专业（2）班学生，曾担任院科创服务中心宣传部部长，校大学生电脑爱好者协会副会长，校级"三好学生"。每一个不曾起舞的日子，都是对生命的辜负。自入校以来，周星星在各方面表现都很突出，严格要求自我，思想进步，热爱本专业，善于学习和吸收新知识，勤奋学习，先后荣获校二等奖学金，七项校单项奖学金等，她始终坚持自己环保公益的理想信念，成为同学们的好榜样。

挥洒实践汗水，书写环保青春

作为一名当代大学生，周星星始终保持着积极向上的心态，乐于参加各种社会实践，自入校以来，每年暑假都会留校参加暑期"三下乡"活动，并利用周末等各种课余时间，对周边环境进行调查，身体力行地为环保事业做出自己的贡献。2017

年暑假,她组织同学参加国家级重点团队,赶赴安庆市怀宁县开展暑期"三下乡"活动,用心为洪铺镇中心学校的 40 余名小学生开展环保课堂,让环保走进校园,激发孩子们爱护环境保护环境的意识,培养孩子们热爱大自然的良好品质。由于其出色表现,获得"三下乡先进个人"荣誉称号。2018 年暑假,深入安庆市周边农村居民点和乡镇企业,躬行实践,切实了解当地环境存在的主要问题,围绕环境污染、水资源保护、垃圾处理等,开展环境保护科普知识宣讲、社会调查研究、发展建言献策等活动。在 40 ℃的高温下,她和同伴每天步行十余千米,进村入户,只为将环保理念带入千家万户。

创新点亮人生,科研融入理想

周星星崇拜那些为国家、世界环保事业做出极大贡献的老一辈科学家们,联合国环保专家沈铎先生他们几十年如一日始终奋斗在科研一线。随着社会经济的发展,保护环境,减轻环境污染,遏制生态恶化趋势,成为政府社会管理的重要任务。为了向她崇敬的科学家们看齐,争取做一名新时代的优秀传承者,周星星积极参加老师主持的科研项目,前往山区和湿地进行环境调查和土壤、植物采样,并与同伴合作设计开发湿地信息系统。为了调试一个数据,常在电脑前一坐就是 7 个小时;为了一次汇报,修改幻灯片到凌晨 4 点。经过这些努力,她最终获得第十二届全国大学生节能减排社会实践与科技竞赛科技作品类二等奖,2018 年安徽省大学生生态环保科技创新大赛二等奖,以第一作者发表学术论文 1 篇,并主持省级大学生创新创业训练项目。在一次次的机缘巧合或竭力争取之下,周星星获得了许多科研实践机会,在丰富的经历中,践行生态理论知识,也在耳濡目染地接受老师的谆谆教诲,领略前沿的生态环保理念和精神。

点燃创业星火,彰显青年风采

生活中,周星星注意到,河流严重污染,废弃物随意堆放,农村环境污染日益突出,她开始带领身边的同学参加了"服务美好乡村,保护生态环境"系列公益项目,与安徽迈峰检测技术有限公司、安庆市十里乡政府、安庆市爱尚装饰公司、合肥市长丰县谢户村等七家政府或企业达成合作。创业途中,她也遇到过许多挫折,如企业负责人的避而不见,村民们不信任的目光等,但这些并没有使周星星灰心,而是继续耐心讲解,认真演示,最后她的坚持终于打动了他们,目前,"绿动未来"环保公益平台已开展 10 余次环境课题调研,举办专题宣讲 20 余次,招募志愿者 200 余人,进行志愿者培训674人次,开展500余次志愿服务。在此过程中,她荣获2018"创青春·中国联通"安徽省大学生创业大赛金奖,安徽省第四届青年志愿服务项目大赛银奖,第四届安徽省"互联网+"大学生创新创业大赛安庆师范大学校园选拔赛银奖。

夫立志,当存高远鸿鹄之志;亦敦行,唯履不怠君子所行。脚踏实地仰星空,霞飞星灿;上善若水德载物,见素抱朴。于环保之海且谈不上沧海一粟,但周星星愿将一生化为扁舟,从此一苇以航。

朱先峰：生如逆旅，一苇以航

2017 年度国家奖学金获得者朱先峰

七月酷暑天，甲板上 50 ℃左右的高温几乎可以烤化一双胶鞋，生物科学专业 2015 级的朱先峰依然站在船头警觉地观察着江面。7 月，跟随中国科学院的考察人员在长江考察；10 月，又第二次随同考察人员辗转多地寻找白鳍豚。"比起来见到江豚的兴奋，其他的都不算什么。"朱先峰说。忍受着辛苦劳累却从不抱怨，这个看似文弱的小伙子有着不一般的耐力。

天道酬勤：总会比别人多付出一点努力

把"天道酬勤"作为座右铭的朱先峰，是老师和同学眼里的"多面手"，无论是学习，还是实践，他的表现总是分外亮眼。

连续两年专业成绩排名全班第一，获得国家奖学金和校一等奖学金，在谈到自己的学习秘诀时，朱先峰总会提到四个字：天道酬勤。

"每个人都有自己的学习方法,适合大多数人的学习方法无外乎是课前预习、认真听讲、课后复习之类,我的成绩得归功于每天的'额外两小时'。"朱先峰表示,从大一开始,他每天晚上都会坚持去教室上两个小时的自习,把白天老师讲的内容再认真复习一遍,这是他给自己布置的额外功课,通过这一方式巩固所学,对于朱先峰而言相当于是"比别人多学了一遍"。

无论是植物学,还是动物学,都需要花费大量的时间来加深记忆,对大多数不擅长背诵的理科生来说,无疑是个痛苦的学习过程。但是朱先峰对于基础知识的记忆有着独特的体会。"记忆这些看似枯燥乏味的知识时,要结合自己的理解,把难以理解的、长篇累牍的专业语言化为自己的语言,遇到特别难的知识点也要及时找老师弄清楚,只有理解性地去记忆才能记得牢。"朱先峰说。

乐在其中:因为热爱,所以享受

做任何事情都坚持心无旁骛与全力以赴,这让朱先峰能够在学习和比赛中游刃有余。"只要怀有热情,做事就不会觉得辛苦枯燥"。

野外实习时,朱先峰总是那个拿着植物询问老师的最积极的学生,走在校园内,朱先峰也会留意校园的动植物。"走在路上的时候,我会观察随处可见的葱兰、棕榈、蔷薇、茶条槭,留意树丛间跳跃的灰喜鹊,只要用心学习,校园便是一个生物大课堂。"朱先峰说。

在2016年安徽省标本大赛中,朱先峰团队作品《龙山蝶语》在众多参赛作品中脱颖而出,获得动物组标本一等奖。历时一年完成的标本作品,收集了400多只蝴蝶,精心挑选出200只蝴蝶,每一只蝴蝶用硫酸纸或透明塑料纸压住蝶翅,用镊子进行仔细地调整,最后用大头针将蝴蝶固定于展板上,这是一个庞大而复杂的工作。

除了制作蝴蝶标本,朱先峰还负责标本的索引工作。"我一边查找文献资料,一边为蝴蝶归类,不同种类的蝴蝶之间有时仅仅是在斑点排布上不同,这需要严谨的态度,还需要耐心,我很享受这个过程。"

志同道合:他们是我最大的骄傲

"如果问我在大学里做过的最骄傲的事情是什么,不是哪次考试考了第一或者是获得了什么比赛奖项,最骄傲的是交到了一群志同道合的好朋友。"朱先峰感慨道。

走在路上,偶然发现了一株植物,瞥见天上飞过的一只鸟,朱先峰一定会同室友讨论半天;路过紫薇园的时候会跟室友交流紫薇的别名痒痒树,看到双龙湖上的夜鹭会一起研究夜鹭的生活习性……

和室友经常交流专业知识,在大家眼中,朱先锋的宿舍不折不扣是学霸寝室——班级男生的前四名几乎都被这个宿舍包揽。"能够一起玩耍挺容易,但是四个人共同学习与进步,我觉得比较难得。"朱先峰得意地说。

朱先峰提到,每到期末考试前,宿舍四个人经常是各自出题,互相监督复习,由于四个人都有坚定的考研目标,宿舍的学习氛围出奇的好。"我挺珍惜室友之间的这段情谊,一起学习是动力,我们之间的竞争关系亦给我压力,这样的良性循环能激励我们每个人成长得更好。"

"凡心所向,素履所往。生如逆旅,一苇以航。"在长江上考察的朱先峰总是会想到这句话。"我始终相信天道酬勤,只要坚持不懈的努力,就一定能到达梦想的彼岸。"

(学生记者　黄罗曼)

嵇然：脚踏实地，不忘初心

2018年度国家奖学金获得者嵇然

"大一忙着参加各种活动，大二泡在实验室，大三准备考研。我的字典里从来没有'闲'这个字。"资源与环境学院环境工程专业2016级(2)班的嵇然从不会浪费宝贵的时间，进入大学的3年内，她曾连续两年荣获校级一等奖学金，并先后获得"优秀学生干部标兵"、社团"先进个人""优秀志愿者"等荣誉称号。她认为忙碌的大学生活才是最有意义。

项目大于一切

在嵇然的印象中，大二的时光都是在实验室与她的实验项目一起度过的。在其他同学吃饭逛街时，嵇然依旧穿梭在实验室的各个角落，最忙时甚至一天超过8个小时都在实验室度过。付出总会有回报，她以第一作者在《安徽农学通报》上发表了论文《大别山绿太阳鱼肌肉蛋白质的影响评价》。"这个项目我抽了一个星期的时间去完成,团队里面的所有人包括指导老师都在努力付出,就没有觉得自己很辛苦。"嵇然说,她很感谢团队里的每一个人,自己只是做好了自己的分内事。

论文告一段落后,嵇然并没有放松下来,很快又投入了下一个项目。"这个项目我们学生主要是做不同的试验去获得数据,经常有不懂的会去请教老师,更加有意思"。在老师的指导和团队的努力下,"一种人工纳米材料遗传毒性的评估方法及其优化设计"获批为全国大学生创新创业训练计划项目,也获得了"节能减排"校内二等奖。

暑假她也不敢放松,积极参与"三下乡"社会实践活动,是关于研究"安庆家庭物品表面微生物分布情况"的项目。与之前项目不同的是,这次项目活动从实验室转移到了安庆北部和安庆石化附近。"我们团队的几个人走访了安庆北部和石化周边的住户,进行了抽样调查,最后得出了安庆石化周边的微生物比北部新城的要少的结论。"嵇然说,"微生物越少,污染就越严重。"

学习从没有捷径

说到学习方法和技巧时,嵇然说:"我是一名再普通不过的大学生,没有什么特别的学习方法,也从来不是最聪明的一个,但我一直在努力成为最刻苦的那一个。"进入大学以来,嵇然坚持着高中时艰苦奋斗的学习态度,课上认真听课、记笔记,课下忙碌于图书馆和自习室,这也使得她每次考试都名列前茅。

作为班级的学习委员,嵇然在做好表率的同时,也不忘调动全班的学习积极性。大二上学期,全班同学一起参加大学英语四级考试,她组织大家一起学习,并制订了每个月完成三张卷子的计划,以此来督促大家。"希望尽一个学习委员的责任,也希望大家都能顺利通过考试。"

如今已经大三的嵇然,却迟迟没有全身心投入到考研大军中。"一直在持续研究的关于'一种高效的零价铁活化剂的制备'的课题还没有完成,虽然要投入考研了,但我想继续做下去。"嵇然说,半途而废不是她的作风,她只想坚持下去。

书写无悔青春

除了学习,在实践方面嵇然也没有缺席。大一时加入了院学生会、学生社团联合会、红太阳志愿团等学生组织,并参加了各种活动。平时喜欢唱歌的嵇然还加入了校合唱团,并在"安徽省第五届大学生艺术展演活动"斩获三等奖。"刚进入大学时,就想参加各种活动,想着课余时间很多,并且可以丰富大学生活。"嵇然说,她并没有觉得很忙碌,反而认为很充实。

作为红太阳志愿者服务团的一员,她曾跟随服务团去学校周边小学给孩子们上课,和他们一起玩,还定期去留守儿童小美琪的家中看望。说起和孩子们的时光,嵇然笑着说:"志愿活动让我看到了很多孩子的笑脸,也感受到了很多温暖,那是一段令人难忘的时光。"

"脚踏实地,不忘初心"这句话是嵇然对自己大学三年的评价,也是对她未来的鞭策和提醒,她认为没有天生聪明的人,只要够努力踏实,一切皆有可能。

(学生记者　汪　傲　蔡苗苗)

文艺创作

龚慧慧：用持之以恒浇灌"文学之花"

2018年度国家奖学金获得者龚慧慧

连续两年获得校级一等奖学金、文体竞赛单项奖学金和"三好学生标兵"荣誉称号，还获得过一次国家励志奖学金和一次国家奖学金……安庆师范大学汉语言文学专业2016级(2)班的龚慧慧在专业学习上取得了优异的成绩。除此之外，她还热爱阅读，希望用文学创作让自己成为一个有"温度"的人。

不读书，无以立

刚进大学时的龚慧慧对充满未知的大学生活有些懵懂。她说："还记得当时心情既欣喜又忐忑，虽然不知道大学生活具体是怎样的，但我给自己定了三个目标——不挂科、多认识朋友和多去图书馆。"

身着一件白衬衫、黑色直发散落在双肩、手中常捧着一本书……在同学们的印象中，龚慧慧总是安静地坐在教室一隅捧书阅读。"进入大学后看到身边那些出口成章、引经据典的同学,有时会很羞愧。于是,我就想沉下心来,好好阅读,提升自己。"龚慧慧说。

当谈及学习方法和技巧时,龚慧慧说:"学习没有什么捷径,我认为就是要认真勤奋。每到期末,我往往会提前复习,因为只靠最后一两个星期根本复习不完。我会提前把书本温习一遍,再结合笔记和自己画的重点复习。等到老师再带着我们复习时,我就感觉很轻松了。"

七次改稿让她在创作上成长

除了热爱阅读,龚慧慧也喜爱文学创作。大一时一篇有关于"茶"的写作经历令龚慧慧印象深刻。她说:"写作课的金松林老师治学严谨,对学生也很严格。记得当时我拿写好的那篇文章给他修改时,被他狠狠批评了一番,说稿子只有高中水平。"

被批评后的龚慧慧虽然内心有些失落,但她还是认真将老师推荐的陆羽的《茶经》和冈仓天心的《茶之书》两本书认真阅读了一遍,重新修改稿件。由于情感表达不自然,稿子再次被否定,最终稿子修改了 7 次。她说:"中间我也想过放弃,不停地否定自己,但每次看到老师细心地指导我,我便让自己再坚持一下,文笔是长期写作慢慢提高的,不能急躁。经过这件事,我成长了很多。"

在老师的指导下,龚慧慧写的散文《桂花茶》获得了第三届安徽省大学生原创文学新星大赛优秀奖。这不仅仅是一个荣誉,还是一种莫大的鼓励。后来,她的《炊烟散》《赴一场不虚年华》《走过去,就好了》等作品陆续发表在《安庆晚报·文艺副刊》上。2018 年 9 月,她的随笔《冬朴》获得了第十三届全国学生作文新奥赛二等奖。

实践出真知

加入文学院网络与新媒体部、组织迎新晚会和五月花晚会、参加暑期"三下乡"社会实践活动……除了学习专业课,龚慧慧也注重提升自己的实践能力。每学期结束,龚慧慧习惯反思己过,深刻总结,把所有的不足记下来。她还根据自身情况制订下一阶段的目标和计划,适时调整,争取更高的提升。

回想起自己的大学生活,普通话考试的经历给她留下了很深的印象。"由于前后鼻音不分,前后考了六次才过,而身边的人基本都是一次过关。一开始我挺失落的,但不断地失败也让我渐渐转变心态,与自己的内心和解,再不断坚持走下去。"

"做事尽善尽美,为人问心无愧。"龚慧慧总是这样对自己说。大学的生活令她感到收获颇多,"我觉得大学生活从两方面改变了我,一是心胸开阔了很多,很多自己以前不理解的人和事,我开始慢慢去理解了;二是读书也慢慢让我浮躁的心沉下来了,心态好了很多。"

(学生记者　汪习习)

李辉：成功是从决定去做的那一刻，持续积累而成

2018 年度国家奖学金获得者李辉

《烟雾弥漫》入选全国工业版画研究院第五回年展，《基建狂魔》《灯火辉煌》入选全国工业版画新秀展，《秋收》入选安徽省第六届美术大展……这是美术学专业2015 级（3）班的李辉取得的成绩，在大学期间他有不少作品入选全省乃至全国的美术展。

在专业创作上表现出色的他，在学习和实践上也毫不逊色，获得过国家奖学金、三次校级一等奖学金、一次校级二等奖学金及志愿服务类单项奖学金等多项单项奖学金，并荣获 2018 年度校"十佳青年学生"称号。

兴趣和大自然是最好的老师

"我觉得学习方面我是比较笨的那种，就是听听老师讲的，和同学交流交流，然后喜欢自己梳理框架，回忆重构知识点，我觉得这样可以更加系统，印象也深刻。"

李辉说,备考就是把一个大的框架都了解,然后把零碎的知识安放在其中,再把一些额外的知识补充串联,能够知其然和所以然,他主要是靠理解,觉得背诵比较难。

在专业创作方面,李辉曾经很长时间不能摆脱临摹,创作学习以临摹为主,"后来通过跟老师、学长的交流,看大量的学术方面的画展,美术方面的专业书籍,慢慢地找到了自己喜欢的风格,有了自己作画的一些兴趣点,能够自己创作一些画了。"李辉表示。

"我喜欢待在美术学院工作室里面看书学习,比较安静,累了可以画会儿画,还能看看远处的山休息一下,期末的时候一般都晚上8点到10点回寝室,一天都在画室待着,平时也喜欢这样,感觉快考试时也没有那么紧张。"李辉说,自己也会常出去看看,大自然能给作画带来一些灵感,书本和影像资料都没有亲身体验那么真实。

热心于志愿活动,学以致用

在美术学院组建墙绘工作室之初,李辉便加入工作室成为主创人员之一。在工作室的3年,他从绘画组组长成长到墙绘工作室副主任。期间,他带领工作室成员为安庆市望江县凉泉中心学校、宜秀区五横乡社区、桃园社区、大观区三峡移民幼儿园、镇江小学等周边地区进行了公益志愿墙绘实践活动,累计墙绘面积达1万平方米以上。

此外,2017年暑假他和团队成员在暑期"三下乡"社会实践活动中,采用支教加墙绘结合的形式,到安庆市海口镇三峡移民村为29名孩子进行支教实践服务。"从幼儿园至初中,这些学生年龄跨度大,以留守儿童居多,我和团队成员为孩子们精心设计了美术、音乐等课程,还带领孩子们参与到墙绘实践当中。"李辉表示,这样既教授了学生们所需要的知识,又给予学生们温暖,用自己的专业知识帮助孩子,学以致用。

"在大学里,我的实践活动主要是墙绘、"三下乡"、义卖这几块,这些也占据了大学前三年的很多时间,这几种形式的活动都有不太一样的感觉,不过相同的点就是,都是在做有意义的事。"李辉说,他觉得能够用自己的专业所学帮助别人,给大家带来视觉上的享受,挺开心的。

大学没有虚度,希望继续深造

"回顾大学4年,我觉得4年的学习生活好像都在眼前,如果说要对大学做一个总结的话,我觉得就是没有虚度时光。有付出就有回报,大学过得比较充实,收获也很多。"李辉说,他有一个放证书的册子,一共40页,正面放满了又反面放,反面现在也快放满了。

谈及未来,李辉表示充满了期待。"我想要把大学4年学的版画继续做下去,以后能够带着更多的人学习、了解版画,将其发扬光大。"李辉说,学习是一直要进行的,只要人活着就要学习,希望再继续深造,当一个大学老师,教书育人。

"知道要拿国家奖学金后很开心,也挺平静,感觉一切都顺其自然,自己做的一切都得到了肯定。"李辉表示,他喜欢一句话"成功不是将来才有的,而是从决定去做的那一刻起,持续累积而成",他觉得很符合自己现在的状态,以后也要照着这句话继续努力,踏踏实实做好每一件事,成功不成功现在不知道,但做没做现在能看到。

(学生记者 邱焱平)

丁晓燕:"学霸"校媒人

2017 年度国家奖学金获得者丁晓燕

从新闻"小白"到全面发展的"高手",别人看到的都是光辉的一面,而背后付出了多少汗水只有自己知道。

在同学和老师们的眼里,新闻学专业2014级(1)班的丁晓燕除了是学霸,还是优秀的校媒人。她3年成绩稳居班级第一,顺利拿到国家奖学金。她曾经担任校记者团副团长,在国家级、省级、市级等各类媒体发表新闻稿件100余篇,其中刊发在《中国青年报》上的就有4篇。

学习不能局限在课堂

刚步入大学的丁晓燕在学姐的带领下逛校园,了解到励志林的由来。她就对自己说,"以后我也要拿国奖,在这里种下一棵树。"从那时起,丁晓燕就树立了拿国家奖学金的梦想。

丁晓燕在大学期间一直努力学习，不敢松懈，连续3年智育成绩及综合测评成绩均位列班级第一，连续3年获得校一等奖学金和"三好学生标兵"称号、两次获得国家励志奖学金，获校级道德示范单项奖、校级宣传标兵单项奖，一次性通过全国英语四、六级考试，并在2017年获安庆师范大学"十佳青年"称号，在2017年如愿拿到国家奖学金。

大学期间，丁晓燕严格要求自己，为自己制订了学习目标和计划，脚踏实地地去完成每一项任务，充分利用课堂和课余时间，丰富自己的专业知识。

"我平时很喜欢看一些公众号，在阅读的过程中，能把理论和生活结合在一起。比如去年海底捞的公关就很成功，我能从中学习到公关的知识，比如对刺死辱母者事件的评论让我对传播学理论有了更深刻的理解。"丁晓燕认为，新闻学习不能只拘泥于课本，应该多关注时事热点。

百余篇稿件让她成为"学霸"校媒人

2015年，《两寝室"十六朵金花"考研路一个没落》获校大学生"优秀新闻作品"二等奖；2016年，《高考前，他倒在了讲台上》获校大学生"优秀新闻作品"特等奖；2016年，在安徽省第十三届大学生记者峰会评选中获"十佳记者"称号……这些都是丁晓燕作为校媒人获得的荣誉。

从大一至今，丁晓燕参加了学校里数不清的采写活动，也曾去报社和电视台参加实习。她发现自己慢慢爱上新闻，在采写过程中也锻炼了自己的综合能力，"以前我挺害羞的，第一次采访时很紧张，后来一次次迈出心里那道坎进行采访，同时也交到很多朋友。"

丁晓燕说，记者团的工作经历为自己的新闻理想打下了最坚实的基础，她很感谢记者团给自己的成长提供的机会，也很感谢老师们的悉心指导，她明白老师的严格要求是希望自己变得更好。

采写《高考前，他倒在了讲台上》这篇报道，给丁晓燕留下了深刻的印象。"当时我去那所高中进行实地采访，一位工作人员说的是桐城方言，我听不懂。于是采取录音的方式，回来以后反复听了好几遍，才慢慢听懂。下笔之前也想了很多导语，写完以后又反复斟酌，这篇稿子花的时间是最长的，付出的艰辛也是最多的。"

让丁晓燕没想到的是，这篇稿件成了那一期《中国青年报》的头版头条。她一直认为，发表在国家级媒体的机会是可遇而不可求的，做好每一次采写才是最重要的，不能过分注重结果。

她坚持做全面发展的学生

谈到兴趣爱好,丁晓燕脱口而出的就是摄影。刚进大学就看到自己的学姐拍人像很美,于是萌生了学习人像摄影以及后期制作的想法,省吃俭用买了一台二手单反相机,开始学习摄影,并从网上搜集教程学习PS制作技术。

"后来,自己的拍照技术慢慢有所提升,有一些朋友会找我为他们拍照,在拍照的过程中因为要引导别人做动作,我自己也变得更开朗了。"

丁晓燕积极参与学校和班级活动,她加入学生"四成"服务大厅、学生会和校记者团,在班级担任心理委员和考研委员,认真工作,踏实做事,组织开展各项活动。作为校记者团副团长和校大学生摄影协会摄影部部长,她多次参与校园新闻的采访写作和编辑策划工作,投身实践,发挥了自身专业优势。

大一那年暑假,当很多同学在家吹空调吃西瓜时,丁晓燕却在38摄氏度的高温下采访;当别人在看电视休闲娱乐时,她却在现场感受社会百态。

"我记得那时报社老师告诉我一句话,'总有一种力量让你泪流满面'。"丁晓燕说,"一直以来我想做记者的初衷,都是让无力者有力、让悲观者前行。"

谈及今后的发展方向,丁晓燕表示希望能从事新闻传媒相关工作,在大学校媒经历的基础上,一步一个脚印,继续做好未来的工作。

(学生记者 汪 艳)

葛德智：勤奋认真的"摄影师"

2017中国高校新闻扶持计划视频消息类全国一等奖获得者葛德智

葛德智,安庆师范大学传媒学院2015级网络新媒体专业的一名普通大学生,和传媒学院很多同学一样,他喜欢摄影、摄像、文字,这些爱好使他的大学生活变得丰富多彩。

"作为一名大学生,我始终明白学习才是自己的本职事情,通过学习让我形成独特的视角,掌握扎实的理论知识。"在2015~2016学年专业课排名年级第四,综合成绩排名班级第二名,获得了"校级二等奖学金"以及"优秀学生干部"荣誉称号,2016~2017学年专业课排名年级第二,综合成绩排名班级第二名,获得了"校级一等奖学金"以及"三好学生"荣誉称号。正是通过学习获得了很多的知识,同时他还将自己的爱好付诸实践。

为梦想起航

大一就加入了安庆师范大学电视台,这是葛德智大学生活中重要的一个地方,在这里开始了属于他自己的艺术创作之路。在校电视台拍摄了若干视频新闻,并进行宣传报道,其中视频新闻在校园网上报道约 25 篇,图片新闻在校园网上报道约 10 篇。拍摄的视频新闻《安庆师范大学润博天天乐食堂推出"蓝瘦香菇"新菜品》被国家级媒体《中国青年报·中青在线》进行了报道,他也多次被表扬。2017年,暑期"三下乡"社会实践活动中拍摄的图片新闻《党员在社区》以及视频专题新闻《大学生党员在社区》也被《中国青年网》"镜头中的三下乡"专题中进行了报道,文字新闻稿《这些学生给老师发奖状》被搜狐新闻、网易新闻、腾讯新闻、头条新闻、凤凰新闻、大国风采网等进行了报道。

"可能我是个文科生吧,内心总有一种文艺风,我喜欢拍摄。"他拍摄的纪录片《茅坦杜》获得 2017 年中国大学生计算机设计大赛纪录片类全国"三等奖"、安徽省"一等奖"、校赛"一等奖";拍摄的新闻作品《安庆师范大学润博天天乐食堂推出"蓝瘦香菇"新菜品》获得 2017 中国大学生新闻扶持计划视频消息类全国"一等奖"、安徽省"三等奖"。在学校也积极参加文艺创作活动,获得"视影像"创意摄影大赛校级一等奖;获得校第八届"魅力·永恒"摄影大赛"优秀奖";《安庆市第一届半程马拉松成功举办》获得校 2015～2016 年度新闻作品三等奖;设计作品《基于 PHP＋Discuz 的移动 app 开发课程》获得"第十届中国大学生计算机设计大赛"校级"二等奖",等等。这些奖项对他来说,不是炫耀,而是一种鼓励,一种认可。

与信仰对话

大学生活本来就丰富多彩,这让葛德智拥有一颗善于发现的心。大一就是班级的生活委员和资助委员,组织了圣诞节晚会、教室设计等活动,所在支部获得了安庆师范大学"红旗团支部"荣誉称号,他自己也获得了"优秀团员"荣誉称号。作为安庆师范大学电视台微电部部长,他带领部门成员拍摄的安庆师范大学版本《好想你》获得了大量的传播和好评;拍摄的《一个人的生日一个班的告白》获得了 5 万＋的阅读和 1 万＋的点赞,给人留下了深刻的印象,为学校的宣传助力。作为一名学习新媒体的学生,配合老师运营微信公众号"风华在线"也获得了较好的传播。

不仅如此,葛德智还时时刻刻要求自己向党组织靠拢,2017 年 6 月 18 日正式成为了一名中国共产党预备党员。2017 年 8 月份随校前往井冈山进行学习,在

"坚定理想信念 传承红色基因"大学生主题教育实践活动培训班中顺利结业;2017年7月份参加了传媒学院暑期三下乡"人文社区生态建设实践服务团",作为副队长联系组织了安庆市宜秀区大龙山镇百华社区举办了"五美家庭"评选活动,进行了"防汛知识"宣传等,为社区献出了自己的一份力,也为中国梦助力。

"当然我会不断努力为学生为人民群众服务,争取尽快成为一名正式的中国共产党党员。"

大学是一个人的修行,在这段修行中葛德智不断提高自身的素质,积极参加了学校运动会,参加了5000米长跑,乒乓球比赛等;2017年1月1日对葛德智来说是一个别样的跨年,他参加了"2017年安徽合肥第六届行者百公里毅行",耗时23小时,行走了73.1公里,是对自我的一次挑战。

"有一句话是这样说的,你所经历的事情不是制约着你,而是指引着你。现在的我有着一颗文艺的心,我想我会保持着这颗心不断前行,因为热爱所以坚持,因为坚持所以认真。"

汪艳：做一个"杂家"，不断钻研

2018年度"安徽省大学生年度人物"提名奖获得者汪艳

汪艳，安庆师范大学传媒学院2016级新闻学专业学生，曾担任班级学习委员和校记者团副团长。一次国家励志奖学金，两次校级一等奖学金、"三好学生标兵""优秀学生干部标兵"荣誉称号，在勤奋学习的同时，汪艳积极投身于新闻写作，至今已发表稿件近200篇，其中90余篇刊登在《中国青年报》《中国教育报》《中国科学报》和《安徽日报》等各级各类的校外媒体上。

热爱新闻写作，享受创作的过程

汪艳认为大学生不能一心只扑在课本上，于是在大一学年加入了校记者团，开始学习新闻写作。进入记者团以后，汪艳主动挖掘新闻线索，积极承担采写任务，时常活跃在校内外新闻现场。一开始她把新闻写作当成实践任务，后来慢慢却获得了乐趣，享受新闻写作的过程。

汪艳在进行采写实践的同时会时常阅读相关书籍,将理论知识运用在实践中,在实践中总结理论经验,在反复的训练中,专心培养自己的实践能力。她现任校记者团副团长,入记者团一年多来,撰写并发表新闻稿件近200篇,其中包括《八百里皖江上守护江豚的"博士班"》(发表在中国青年报要闻版面)、《"捕鱼人"变身"护豚人"一年巡护4万余公里 13名长江渔民的成功转身》(发表在《中国青年报》要闻版面)、《安庆师范大学:保护柬埔寨濒危伊河豚》(发表在《中国教育报》高校周刊·科学研究版面)、《长江安庆段实施刀鲚栖息地生态修复工程》(发表在《中国科学报》综合版面)等10余篇国家级媒体稿件;《大学生校园开超市不为赚钱只献爱心》(发表在《新安晚报》世相版面)、《支教大学生将传统文化送进小学校园》(发表在《安徽青年报》头版)等80余篇(含实习)省级媒体稿件;在校园网和校报等校园平台发表稿件60余篇。

钻研新闻业务,囊获多项大奖

除了学习和休息,汪艳爱钻研新闻业务,每天研读和琢磨优秀新闻作品。虽然只是一名学生记者,但眼光并不仅局限于校园新闻。她认为采写社会新闻能够开阔眼界,锻炼采访技巧,提升创作能力,于是在大一暑期前往合肥晚报实习,每天奔赴新闻现场,接触各行各业的人,刊登了50余篇新闻作品,一半以上稿件发表在版面头条位置,其中不少稿件得到中央媒体转载,并受到专家好评。

汪艳在报社实习时,被分配在社会新闻部,虽然每天都顶着烈日在外面采访,但是接触到的是各行各业的人,学习了不少新闻采访技巧,提升了新闻写作水平,也开阔了眼界,明白了记者需要多多学习各个领域的知识,做一个"杂家"。汪艳在实习过程中取得了不少成绩,但她总说自身还有很多不足。例如,新闻标题和导语的撰写不够精妙,新闻采访时不够大胆心细等。于是,她在实习中经常主动向报社的老师请教学习,通过不停地探讨交流和实践上的锻炼,希望能够改正自身问题,进一步提升新闻写作水平。

当别的同学深夜入睡时,她在电脑前敲着键盘绞尽脑汁写稿;当别人在家吹空调吃西瓜时,她却在40℃的高温下采访,汪艳说她相信有付出就一定有收获。

大学两年来,她将不少省级、市级和校级奖项收入囊中。2016年获得安徽省第五届"华图杯"职场模拟面试大赛安庆赛区二等奖,2017年其新闻作品《支教大学生将传统文化送进小学校园》获得安徽省高校校园"好新闻奖"消息类二等奖,参加安庆师范大学首届"阅读马拉松"活动获得二等奖,且在校园记者文化节中获得5项作品奖,2018年其新闻作品《新生儿有耳聋隐患?一滴血就可以检验!》获得

2017年度安庆市好新闻评选三等奖,《八百里皖江上守护江豚的"博士班"》获得安徽省高校校园"好新闻奖"评选通讯类一等奖,《安庆师范大学:保护柬埔寨濒危伊河豚》获得消息类二等奖。

在大学期间,汪艳一直要求自己做到精益求精,认真对待每一篇作品,反复修改和打磨直到最好。汪艳认为这些奖项是对她最大的鼓励,今后会不忘初心,继续前行,争取进一步发展和完善自己。

学习成绩优异,热心公益事业

汪艳在新闻写作上花费了不少时间,但从未放松过理论知识的学习,阅读专业权威书籍,学习优秀新闻作品。她大一学年学习成绩排名专业第二,大二学年专业第一,任班级学习委员一职,连续两年获得校级一等奖学金,"三好学生标兵""优秀学生干部标兵"荣誉称号,国家励志奖学金和单项奖学金。

两年来,她坚持发挥自身长处,争取为学校、学院和班级贡献力量,先后参加多次公益活动。2016年担任校学生会开展的文明就餐月活动志愿者、2017年参加安庆师范大学墙绘工作室赴太湖县新仓镇富山小学的公益墙绘活动,同年获得校"优秀共青团员"称号,2018年参与美术学院学生优秀作品义卖活动并担任传媒学院大爱清尘公益基金会世界呼吸日"益呼百行"活动志愿者等。汪艳在参加公益实践活动的过程中,认识到做公益是一件需要长久坚持的事情,今后会继续坚持参与公益活动,为有需要的人贡献一份自己的力量。

对于未来的计划和目标,汪艳表示一定会将自己最爱的新闻写作坚持下去。她希望有一天能够用她的笔记录下一个个精彩的故事,争取让读者读完以后,能够生出些许感悟。

肖奇琳：合格的"船头瞭望者"

第十四届安徽省大学生记者峰会"十佳记者"称号获得者肖奇琳

肖奇琳，安庆师范大学传媒学院新闻学专业学生。她的座右铭是"生命不息，奋斗不止"。"我一直坚信通过自己的努力，一定可以达到自己的目标，完成自己的梦想。"

勤奋是她的本色

肖奇琳勤奋努力，刻苦钻研，上课从不迟到早退，十分尊重老师。认真听讲，课上重点部分主动记笔记，跟着老师的思路走的同时也有自己的想法和理解，难点部分课下主动与老师沟通交流，认真完成作业。

2015～2016学年，肖奇琳专业成绩总排名班级第二，综合素质排名班级第二，考试无挂科，多门成绩达优秀、90分以上。获得校级一等奖学金、"三好学生标兵"荣誉称号。在校宣传标兵单项奖奖学金中获得省级、国家级单项奖学金；大一下学期里，计算机水平考试中获得优秀、普通话测试获得二级甲等证书；大二上学期一次性通过英语四级并已报名六级考试。2016～2017年度，她也获得了校级一等奖学金、"三好学生标兵"荣誉称号。同时，获得多项单项奖学金。

坚定做"船头的瞭望者"

作为新闻专业学生，肖奇琳热爱新闻写作，在生活中积极寻找新闻线索进行采写。一直以来，她坚守"铁肩担道义，妙手著文章"信念，在新闻采写中，总是以客观事实为新闻报道的基础。她深知作为记者传播事实真相、弘扬社会文化的责任，也一直在坚守作为学生记者应当承担的责任。

自入学以来，凭着对新闻的一腔热血，取得了一些成绩。在各类平台采写并发表过百余篇作品。其中，《中国青年报》上发表《高考前，他倒在了讲台上》《安庆师大新生提笔写"家书"》；中国青年网上发表《少年戏骨吴童燚：黄梅戏在我心中的最美最新》《高校坚守十年 助推建成我国第三个江豚"希望之地"》；《安徽青年报》上发表《"小戏迷"的黄梅情》《穿上汉服去拜年》；《安徽商报》上发表《"三连号"女寝室考研全成功 安庆师范大学12朵金花获赞》；凤凰安徽上发表《安庆师大迎120年校庆 请2万名学生吃"霸王餐"》等稿件。在校园网、校报等校园平台发表稿件70余篇。

肖奇琳采写的稿件曾多次获得奖项。发表于中国青年网的《高校坚守十年 助推建成我国第三个江豚"希望之地"》稿件曾被凤凰网、人民网等网站转发，同时获得中国高校校报好新闻一等奖、中国高校传媒联盟举办的新闻扶持计划深度报道三等奖、中青网校园通讯社2016年最佳原创稿件评选中获得优秀稿件称号。发表于《中国青年报》的《高考前，他倒在了讲台上》曾获安庆师范大学2015～2016年度新闻作品评选中获得文字新闻类特等奖。

"我深知，作为一名学生记者想要提高自身采写能力重在锻炼，所以除了在学校参与采写外，我还积极参加暑期实践活动。"大一、大二连续两年暑假在合肥报业集团实习，并在《江淮晨报》上发表了《合肥：地铁票暂定纸票进站 2小时需出站》《贷款未清第三套房拒贷 合肥"降温"房产土地泡沫》《邀请专家"支招"合肥文明创建》等稿件近70篇。两次实习，虽然做的并不是十分完美，仍存在很大进步空间，但她在发现线索、采写稿件等方面的能力有了提升，也逐步了解并掌握从前很少接触的时政新闻的写作结构和采访方法。

和大家一起成长

大一竞选班委,担任班级生活委员,负责查寝,管理班级班费等。一年来肖奇琳对工作负责认真,班费支出明细清晰。除了基本工作外,经常协助老师和其他班委组织开展班级活动。大一还进入院学生会,担任外联部干事,协助开展"阳光捐衣""踏纸寻鸢"等活动并取得良好效果。自大二下学期肖奇琳成功竞选上安庆师范大学记者团副团长,与其他团长组织完成了新一届的招新活动,推动并进一步完善记者团内部制度。

学校迎新季时,她制订了系列迎新计划并组织安排了团内迎新报道工作。迎新结束后,团内在各类媒体上共推出相关报道十余篇。工作期间,肖奇琳与《安徽青年报》、中国青年网等媒体组织一直保持紧密联系并积极选择团内成员优秀稿件投稿,争取让好的稿件有发表外媒的机会。还曾与安徽校媒合作,完成了中国高校传媒联盟举办的"雪花大学生勇闯天涯挑战未登峰"活动安庆师范大学站的前期宣传。目前,担任班级团支书,努力促进班团一体化建设。

肖奇琳性格开朗,兴趣广泛,在学校积极参加各类活动。曾分别在第35届、第36届运动会女子800米中取得第三、第八的成绩;校第一届模拟大赛中团队获得最佳团队奖;院超级演说家比赛获三等奖、摄影比赛获优秀奖等。还积极参与志愿服务,担任了安庆首届半程马拉松志愿者。

没有最好,只有更好,正如她所坚持的"生命不息,奋斗不止"。大学是人生中一个极为重要的阶段,"在未来的路上,我将会用我全部的努力去充实我的大学生活,提高自己综合素质能力,让自己在大学里活得精彩。"

丁灿：一根有思想的"芦苇"

全国第五届大学生艺术展演一等奖获得者丁灿

丁灿，安徽安庆人，中国共产党预备党员，安庆师范大学文学院2016级汉语言文学专业学生。

大学期间，她一直秉持着"敬敷、世范、勤学、笃行"的校训，严于律己，奋发上进。"学习刻苦""积极实践""生活独立"一直都是丁灿的代名词。没做过的事，她大胆尝试；而选择做的事，她坚持做好。无论是专业学习，还是文学创作，她都取得了优异成绩：连续两年获得校级一等奖学金、文体竞赛单项奖学金和"三好学生标兵"荣誉称号。与此同时，爱好文艺的她，利用课余时间研读经典话剧作品，在一次次剧本创作与表演中成长、蜕变，不断提高自身的文艺素养。2017年11月，由其主演的话剧《王步文》获得全国第五届大学生艺术展演一等奖，安徽省第五届大学生艺术展演一等奖，"青春·理想"安徽省第六届大学生自创话剧展演一等奖，安徽廉政文化精品工程一等奖。

人是一根有思想的"芦苇"

拿破仑说:"世上只有两种力量,利箭和思想,从长而论,利箭总是败在思想手下。"在思想方面,丁灿一直有着坚定的态度和信念。她热爱中国共产党,认真接受党政教育,积极向党组织靠拢。初入大学就向党组织递交了入党申请书,并积极进行思想汇报,认真学习,明确目标,以党纪严格要求自己,积极向上。2018年11月,她荣幸地被发展为预备党员。在党课学习与社会实践过程中,她认真听课,钻研党章,关注时政。在接下来的学习和生活中,她将再接再厉,虚心学习,争取早日转正。

每向前踏进一小步,都是成长的见证,都让丁灿离优秀更近一点。在努力学习新思想的同时,她也一如既往地坚持自己的信仰,这些历程,在追梦之路上留下了深深浅浅的脚印。

不读书,无以立

想要在文艺活动中取得优秀的成绩,离不开专业知识的积累。课余间,丁灿认真研读中外戏剧作品,并自主学习戏剧表演理论。

生长在黄梅之乡的丁灿,经常浸泡在各大剧院里,但多是民间的自由组织,对于表演方面的理论研究并不足够,上了大学,参加了话剧社的排练演出,她时常感到,除了经验之外,还要多增加理论学习。

于是,她沉下心来,以自习室、排练场、宿舍三点一线,认真虚心请教。自习室里,她认真研读剧本,总结优秀经验;下课后,她和专业老师积极交流,常碰撞出智慧的火花,受益匪浅;排练时,她全身心投入角色的样子最美。俗话说:"不怕慢,就怕懒。"丁灿只管静心学习,安然度日,而时光也不曾辜负她。在大一学年,她的专业成绩位居班级第二,综合测评成绩班级排名第一;有幸获得校级一等奖学金、文体竞赛单项奖学金以及"三号好学生标兵"荣誉称号。在大二学年,她一如既往,坚持不懈,也取得了优异的成绩,综合测评成绩居班级第二;荣幸地获得了校级一等奖学金、文体竞赛单项奖学金和"三好学生标兵"荣誉称号。她相信天道酬勤,她也深知梦还在远方,为此,她不敢丝毫懈怠,将继续努力前行。

实践出真知

生活上,丁灿独立自主,简单生活,并与同学互帮互助,一起学习,共同进步在校园活动中,她积极参与,感受多彩的社团生活。

在话剧《王步文》的排练中,丁灿用心体悟角色,感受角色的心情,实地走访血衣亭,贴合人物历史背景,并把自己的生活经历融入角色表演之中。她撰写比剧本还长的人物小传,分析人物动作与心情,并参与剧本的改写。最初她的表演风格过于沉闷,无法调动观众情绪,在专业老师的指导下,她渐渐调整说话语音、语调,放慢语速,发音饱满。随着排练次数的增加,她也渐入佳境,甚至在梦中与戏剧人物对话。

排练过程中,最难的就是哭戏,她相信实践出真知的真理,于是在寝室、在家中一直都对着镜子练习,听着悲伤的音乐练习,终于在一次次排练过程中,在一次次和同学磨合中,达到了哭出眼泪,哭出真感情,打动观众的水平。

在一次次实践中,她渐渐能走进角色的内心,和同学们一起完成了话剧《王步文》并获得成功。

在一次次实践中,她渐渐学到了剧本结构和舞台调度的方法,进一步感受到了舞台、剧场的魅力。梦想之花,永开不败。

人生没有捷径可走,道路越是泥泞,足迹越是深厚。在追求梦想的道路上,她不轻易言败,坚守本心,一步一脚印地走向未来。每一段旅途,都会遇见不同的风景,为了邂逅更好的自己,她将更珍惜自己宝贵的时间,勇于拼搏,努力描绘出更加绚丽的人生画卷。

同时,在逐梦的过程中,身边的家人、老师、朋友,一直给予关怀和帮助,丁灿感激于心,将继续勇往直前。她很平凡,也很努力,常持一颗平常心,淡然处之万千事。

刘敏：摄影青春，活出自我

2018年度安徽省高校校园"好新闻奖"图片类一等奖获得者刘敏

刘敏，2016级广播电视学专业学生，班级学习委员、校记者团摄影记者，曾任院《守望报》文字记者、院学生会网宣部副部长、校学生会宣传部干事、校新媒体中心周四组组长。

有梦想

文艺创作上，作为学生记者的刘敏大一暑假在新安晚报社实习摄影记者近两个月，大二暑假在皖西日报社实习文字记者一个多月。在校期间积极参与"镜头下的新西冲"三下乡活动和脱贫攻坚第三方评估活动。她在国家级媒体发表稿件4篇、省级媒体发表稿件33篇、市级稿件18篇、院校级稿件35余篇，在搜狐视频发表视频稿件4篇、在梨视频发表视频稿件6篇，其中《异地恋7年 晚会上浪漫求婚》登上微博热搜第二；《魔性讲诗！教授傲娇谈爆红：讲得好呗》登上微博热搜第

35名,且被人民日报、共青团中央等多家官方微博转载。

2016~2017学年,刘敏同学荣获安徽省教育摄影大赛人文组三等奖、安徽省"毕业季/最暖微瞬间"摄影组三等奖、校级"诵读国学经典"优秀奖、校新媒体中心9月采编"每月之星"、院级厨艺大赛三等奖、双室创建大赛最具时尚奖、十一届"魅力主持秀"20强、校2017年度新闻作品评选摄影新闻类二等奖、文字新闻类三等奖、新媒体类三等奖。取得了普通话二级甲等证书和全国高等学校(安徽考区)计算机水平考试优秀证书。

2017~2018学年,刘敏同学荣获2018"视影像"创意主题大赛一等奖;安庆师范大学记者团2018年5~6月新闻采写"每月之星";2018安徽高校新闻扶持计划(优秀作品评选)摄影类二等奖;2017~2018学年"校园文化先进个人";校2017~2018年度新闻作品评选摄影新闻类二等奖、摄影新闻类三等奖、视频新闻类一等奖、视频新闻类三等奖;她采写的《大学生放下手机比赛读书,一女生阅读长达五小时》获安徽省高校校园好新闻图片类一等奖等。

2018~2019学年,刘敏同学获校级拍客大赛一等奖;她合作采写的作品《魔性讲诗!教授傲娇谈爆红:讲得好呗》获安徽高校微视频类三等奖;她合作采写的作品《安庆师大这位老师照顾病妻16年,诠释相濡以沫的爱情》获安徽高校微传播类三等奖。

正青春

刘敏同学积极向党组织靠拢,于2018年12月14日成为一名中国共产党党员。她时刻以一名优秀共产党员的标准来严格要求自己,积极发挥党员的先锋模范作用。连续两年班级综合测评第二;连续两年获得国家励志奖学金、校级一等奖学金;荣获三好学生标兵、优秀学生干部标兵、宣传标兵等荣誉称号。

刘敏同学性格开朗,朴素节俭,严于律己宽以待人,主动关心同学,帮助同学解决问题。平时乐于助人,建立了很好的人际关系。

李蕊：奋斗到感动自己，坚持到竭尽全力

安徽省首届大学生食品创新大赛二等奖获得者李蕊

李蕊，安庆师范大学美术学院2014级视觉传达设计专业学生，中国共产党党员。她不仅有着北方姑娘的热情大方，同时还兼有南方姑娘的温柔细腻，是个严肃而不失活泼，温柔而不失刚毅的女孩子。对待自己过分严苛，对待他人宽容包涵，注重德、智、体、美、劳全面发展。

对于过去——她从未因担任学生干部或取得某些奖项后而骄傲自满，一直谦逊有礼，乐于助人；对于现在——她脚踏实地，默默努力，始终相信厚积薄发；对于未来——她有理想，有规划，敢于追求，不畏失败。作为学生干部，她平日里注重公平，重视承诺，言行一致，敢为人先。作为一名学生，勤奋好学，一直坚信一分耕耘就有一分收获，努力做到"奋斗到感动自己，坚持到竭尽全力"。

关心时政,积极入党

李蕊在思想上积极要求上进,初中时第一批加入中国共产主义青年团,大学里第一批加入中国共产党,不断提高自身党性修养,认真学习党的各项理论知识,学习习近平总书记系列讲话,关心时政要闻。作为一名共产党员,平日里一直以高标准严格要求自己,在思想上和工作中都不断地进步。作为班级团支书,她不仅自己追求上进,还带领班级同学积极向党组织靠拢。

大学期间,她树立了正确的世界观、价值观、人生观,坚持共产主义理想和社会主义信念,牢记全心全意为人民服务的宗旨,始终保持积极乐观、锐意进取的心态,坦诚地面对学习、生活和工作。尊敬师长,团结同学,热心为同学们服务,积极的协助老师处理好学生工作及团学工作,踏实肯干。通过自身努力,她在2016年5月获得"校优秀青年"荣誉称号;2016年4月被评为校级"优秀共青团干"。

学无止境,勇攀高峰

大学期间,李蕊勤奋好学,锐意进取,为自己树立了一系列的学习目标,并在制订规划后一一实现。她深知学习是学生的天职,身为一名优秀的学生干部,更应该以身作则,勤奋学习,争做学习标兵,为同学们树立学习的榜样。

在校三年多,李蕊的成绩一直名列前茅,专业课和文化课在班级都是遥遥领先。连续三年综合测评第一,连续三年获校一等奖学金及"优秀学生干部"荣誉称号;大二、大三智育在全专业54人中排名第一,连续两年获"学习标兵单项奖学金"。热爱读书的她还曾获院"我读之我见读书"征文比赛一等奖。

课余时间学习设计软件,大一通过学习PS、AI等软件获Adobe平面视觉设计师职业技能认证;大二通过学习3d Max、AutoCAD等软件完成国家信息化计算机教育认证,获室内设计工程师证书;大三学习犀牛软件,进行产品设计创作。此外在敦煌外出写生后,她的服装设计创作是展览中唯一结合当地特色的作品。李蕊在专业方面涉猎广泛,具有较强的创新意识。

她积极参与专业竞赛和设计创作,注重团队协作,与不同学科背景的同学合作,在省教育厅主办的安徽省首届大学生食品创新大赛中获二等奖;在校心理健康教育中心logo设计比赛中获二等奖;在院级"翰墨杯"比赛获设计组一等奖,院第五届双室设计大赛优秀奖等。

参与编著的由江苏凤凰美术出版社出版的《设计色彩》一书,现已被美院设计班同学广泛使用。

学习中实践,实践中学习。曾为安庆市朝阳路小学做形象设计。参与石兰老师组织的外出实践活动,与2013级视传班同学前往合肥骏飞标志设计有限公司参观学习。

李蕊经常向老师请教学习上的各种问题,与同学们探讨专业相关知识,还充分利用课余时间到校图书馆学习其他方面知识,寒暑假前往北京、上海等地的博物馆、美术馆参观学习,拓宽学习渠道,开阔视野,不断提高自身专业素质和综合素质。

勤于实践,全面发展

担任班级团支书的李蕊深得同学们的信赖,认真听取同学们的意见,积极策划并组织好团日活动及政治理论学习,号召班级同学积极参加学校、学院组织的活动。班级团支部在2014～2015学年中表现优异,被评为校"优秀团支部"。在辅导员孟莉老师的支持与鼓励下,带领班级同学积极准备材料参加院级、校级优秀班集体评选,最终获得2014～2015学年校"十佳"班集体荣誉称号。

大一担任美术学院学生会办公室干事。完成好一件件琐碎但又重要的工作——签到、发聘书、考勤通报、会议通知、会议记录、各办公室学生干部排班表、材料的收集与整理、各种表格及PPT的制作,评选时分数统计……学生会工作与团学工作有时接踵而至,有时更是与班级事务一起蜂拥而至,她总能注重工作效率,高效利用时间,将这些事务都得以较好的解决。

大二担任美术学院学生会团总支办公室主任。协助学生会各部门的各项活动,如:院优秀作品义卖活动,院迎新晚会、毕业晚会等,努力做好后勤工作。不论开展何种活动,李蕊总是最早到,最迟走,与学生会成员团结合作,为实现美术学院的更好发展贡献出自己的绵薄之力。在团总支书记高栋梁老师的指导下,截至大二共完成会议记录近30篇,共计2万余字,完成多份PPT。连续两年被授予"校园文化先进个人"称号,2014～2015学年荣获校"优秀学生干部标兵"荣誉称号。

李蕊同学工作认真负责,积极努力,开拓创新,积极为广大同学服务,为院系发展而努力。在同学和老师之间架起沟通的桥梁,努力为同学和老师服务,成为老师的得力助手。

除此之外,她还经常积极参与各项文体活动。毕业晚会上看到她在朗诵表演,运动会中也屡次看到她的身影。她的体育成绩在班级排名第二,女生排名第一。喜爱羽毛球的她在院级比赛中获得优秀奖,作为美术学院第一支女篮队的成员,在繁忙的学业和学生工作的间隙,她也参与了多场校篮球赛。

李蕊热衷于志愿服务,从迎新志愿者到文明就餐志愿者,从"三下乡"民间绘画调研到院优秀作品义卖活动,她还积极地组织班级志愿服务团日活动,总是以身作则的鼓励同学们积极参与校园活动。

在校三年多,她积极响应学校号召,热情投身社会实践,在社会中锻炼自我,在实践中提升自己。这些实践活动让她感悟很多,也懂得了许多。在逐步迈向成熟的过程中,她更加深刻地认识到当今社会对大学生的素质要求,懂得如何让自己成为一名对社会和对国家真正有用的人。

践行感恩,善于总结

每个学期末李蕊都会总结自己的得与失,以便在新学期取长补短,日益进步,她对未来有着清晰的规划,并一步步的努力实现。立志考研的她利用寒暑假的时间,独自到异地学习,不畏孤独,坚毅独立。

李蕊常怀感恩之心,她感激父母的贴心关爱、老师的悉心指导、同学的陪伴鼓励,她实现着当初踏入校园时自己立下的一个个的目标,此次申请国家奖学金,也是她对自己两年来学习生活的总结,她对于未来充满希望,对于理想锲而不舍,她始终相信天道酬勤。

张世文：人若有志，万事可为

2018年度国家奖学金获得者张世文

连续两年专业成绩排名年级第一，连续三年荣获校级一等奖学金，获得"校级优秀学生干部标兵""优秀共青团员标兵""三好学生标兵""学习标兵"等多项荣誉称号，获得国家励志奖学金、叶圣陶奖学金等。2015级音乐学(3)班张世文取得各项令人艳羡的成绩，背后却是无数日夜的耕耘与付出。谈及漫漫人生路时，她始终坚信人若有志，万事可为。

业精于勤：我的大学没有周末

大学如何兼顾学习和实践？谈及这个问题，张世文以自身为例，"学习、实践两者并不冲突，在学习的基础上进行实践，在学习时少玩多学，在实践时少说多做，'自己动手，丰衣足食'"。

大一时加入院学生会，锻炼能力的同时，也让她收获很多。"现在我回想起汪小林老师的拥抱和那句'辛苦了',仍然很感动。"张世文在担任外联部部长时,学院正在举办"我是歌手"大赛,为了大赛能够成功举办,她带领部员连续几周去拉赞助;晚会当天她始终坚守在自己的岗位上,站好最后一班岗。最后大赛比预想中还要精彩,结束时汪老师给了她一个拥抱并鼓励她。"那不仅是对我的鼓励,也是对我的肯定,那一刻觉得一切值了,很感谢老师。"张世文说。

说起实践活动,张世文可谓是经验丰富,三年累计参加各类文艺演出20余场,参加实践活动70余次。2015年,获得"诵读国学经典"征文比赛三等奖;2016年,获得中国音乐学院考级大赛安徽赛区二等奖;2017年,获得中国音乐学院第七届社会艺术考级大赛安徽赛区一等奖……"每次的比赛、演出都是锻炼能力的一次机会,我都会准备很久,不愿辜负机会。"张世文说。

"我的大学似乎并没有周末,课余时间我会用来组织或参加活动,每天的闲暇时间我也会抽出来练琴,但我并不觉得很忙,我觉得很充实。"张世文说,这才是她想要的大学生活。

心中有爱:用一百多天时间做一件终身有意义的事

给社区、中小学孩子送温暖,获得"志愿之星"称号;在安庆市创建文明城市志愿活动中,获得"优秀志愿者"称号;在迎新工作中,连续两年荣获"先进迎新志愿者"称号……这些都是她参与志愿活动最好的见证。

谈及印象最深的一次志愿经历,张世文翻看着相片不停地说:"这个是学生送的感冒药、这个是两元一束的兰花草、这个是跟他们的合照、这个是学生写着我的名字的小纸条……"那是一段去六安金寨乡村支教的经历。"那个夏天的村子连空气都显得燥热,生活条件也不好,我在那里度过了一百多天,但这段时间却给我带来了满满的回忆。"张世文说,并认为虽然这是一件小事,但终身受益。

"走的那天全校的孩子都跑来送我,他们哭得泪如雨下,那一刻我觉得这一切都是值得的,我从没有觉得辛苦,我想要用我的能力给他们最好的。"张世文回忆道,她希望更多的人愿意去偏远乡村支教,希望孩子们的明天会变得更好。

"每个志愿活动包括志愿者都是光荣的,我们作为学生力量都是微小的,但当所有微小力量聚合在一起却能给社会带来巨大改变。"张世文表示,作为大学生可以用时间、资源以及善心给社会弱势群体带来帮助。

一生随性:希望未来可期,始终坚持

描绘未来时,张世文表示希望自己可以成为一个独立自主的人。"我希望未来的生活充满惊喜和无法预料的事,我不喜欢过太稳定的生活,我有自己的梦想、自己的追求,我想不断提升自己,让自己变得更好,为了梦想而奋斗。"

  对于她而言,未来还有很多未知数得她去探索,"想做的事和不想做的事都要坚持去做,人生不该留下太多遗憾,毕竟未来可期,我们的坚持终将美好。"

(学生记者 蔡苗苗 徐杏玉)

自强奋斗

任雅倩：生活不会亏待每一个辛苦付出的人

2018年度国家奖学金获得者任雅倩

连续两年综合测评排名班级第一，两次获得校一等奖学金，获得国家励志奖学金以及"优秀学生干部标兵"荣誉称号……来自光电信息科学与工程专业2016级的任雅倩用行动诠释着"生活不会亏待每一个辛苦付出的人"这句话。

"天道酬勤"是她的座右铭

"知识是人类进步的阶梯"。作为一名学生，任雅倩明白学习的重要性，因此一直刻苦努力的学习。在平时的学习中，她坚持不迟到、不旷课，认真听讲，做好笔记，及时完成老师布置的作业。遇到不理解的地方常常向老师请教，并提出疑问和自己的见解。

除此之外，任雅倩合理安排学习时间，充分利用学习资源。她经常和同学一起去教室或者图书馆自习，一待就是十几个小时。"因为大学课堂上学习的知识是有限的,所以我要不断地更新自己,不断地给自己充电,丰富自己的知识面。"连续两年综合测评和智育成绩排名班级第一,两次获得校级一等奖学金,这些对于她来说是努力付出后的结果。

"天道酬勤,不断地奋斗,一直在为使自己变得更好而努力着。"任雅倩说,"相比较大学入学前的小毛丫头,我觉得我在一步步地成长成熟。"

女子应自强不息

出生于农村,从小跟着爷爷奶奶生活,见过他们艰辛劳作的模样,在他们的言传身教下,任雅倩养成了能吃苦耐劳,咬牙干的精神。

对于她来说,大学是没有寒暑假的。任雅倩利用寒暑假的时间来做兼职,"超市促销员"和"服装店导购员"都是她曾经的名片。她给自己定了一个目标,大学期间实现经济独立,如今,做到了。"在兼职中,我体会到了社会工作的压力与挣钱的不易,也鞭策了我在学校更加认真努力地学习,感恩父母的艰辛与付出。"

任雅倩一点点地改变和完善自己,她积极参加学校、学院和班级的活动,大一学年取得校运动会 100 米第二名、200 米第八名的成绩。"在活动中不断提升自己的能力,锻炼自己的综合素质。"

选择远方,风雨兼程

在大一、大二期间,任雅倩担任班级学习委员,除了配合老师上传下达完成班级工作外,还与各科老师交流沟通,提出并解决同学们在学习上的问题,并且配合其它班委和学院的各项工作,做好桥梁作用。"我在担任学习委员的过程中感受到的是充实和幸福,"她说,"不断学着去提高自己的能力,去积累的更多经验,去遇见一个更好的自己。"

"既然选择了远方,便只顾风雨兼程"是任雅倩喜欢的一句诗。她认为自己作为一名学生,不应该忘记自己大学的信念,不能把工作忙作为放松学业的借口,更不能因此停下奋斗的脚步。

"生活不会亏待每一个辛苦付出的人,"任雅倩说,"未来我将会以一种更加谦虚向上的态度,严格的标准要求自己,脚踏实地地走好每一步,去迎接未来,去遇见一个更好的任雅倩。"

(学生记者 邵 琪)

吴敏：无奋斗，不青春

2018 年度国家奖学金获得者吴敏

学习上，她连续两年智育成绩和综合测评排名年级第一，大二期间一次性通过国家大学英语四、六级考试；工作上，她是班级学习委员，获得"优秀学生干部标兵"等荣誉称号；实践上，她担任院学生会舞蹈队的队长，获得校级第七届唯舞独尊比赛三等奖。来自微电子科学与工程专业 2016 级（1）班的吴敏觉得不能在奋斗的年华里选择安逸。

勤而好学是她的标签

"作为学生，学习是我的本职，也是我的首要任务。"因此，吴敏总是选择坐在班级第一排听课。"坐在后面有时候听不到老师上课说的内容，前排的听课效率更高一些。"不管是专业课,还是公共课,她总是坐在第一排仔细听课,认真记笔记。

除了课堂上坐第一排认真听课外,课下吴敏还主动找同学和老师问不懂的知识点,向老师请教相关的专业知识,作为班级学习委员的她还帮助同学们解决学习上的问题。期末备考阶段吴敏有时间就会去图书馆,一直待到晚上10点图书馆熄灯。

连续两年班级排名第一、年级第一,并且在大二学年一次性通过大学英语四、六级考试,获得过一次国家励志奖学金,两次校级一等奖学金和"优秀学生干部标兵"等荣誉称号。"看着自己用努力换来的成绩,我知道自己在进步。"吴敏说,"同时我还需要再接再厉,力争使自己成为一名品学兼优全面发展的大学生。"

喜欢跳舞的学习委员

大一,怀着为班级奉献自己一份力的初衷和为同学们服务的决心,吴敏竞选了学习委员。及时了解考证方面的信息,准备好各科的复习资料计划,降低班级的挂科率,吴敏努力营造班级良好的学习氛围。

为了让大一刚入学的学弟学妹们学习优秀学长的学习经验,吴敏组织开展经验交流会。"我要充分发挥一个学生干部的模范带头作用,成为同学们学习的榜样,努力为更多学生服务。"

学习之余,吴敏还喜欢跳舞。大二学年吴敏担任了院学生会舞蹈队队长,参加学校的舞蹈比赛,并取得了校级第七届唯舞独尊比赛三等奖,安庆师范大学第四届健身操舞大赛自选套路第三名、规定套路第八名的成绩。

"上大学之前并没有条件和时间去发展自己的兴趣爱好,"吴敏说,"所以我就在大学期间利用自己的课余时间,加入学生会学习舞蹈,坚持训练,不断的充实和完善自己。"

做一个独立自主有规划的人

吴敏出生在农村的一个普通家庭里,父母在她很小的时候就外出打工,她和年幼的弟弟留守在外婆家,这使得她从小就特别独立自主。除了平日上学,吴敏在学校图书馆做兼职。"上大学了应该可以独立了,还花父母的钱会觉得不好意思。"

现在的吴敏为自己的生活工作学习各个方面都做了合理的规划。"目前就是考研,考个好点的大学好好深造,毕业后可以进企业工作。"吴敏坦言,现在会安排好工作的时间,同时也不放松对各科学习。即使在周末也会按时作息,并且会去教室或是图书馆自习。

"自我人生的舞台上,每个人都是唯一的主角。只要够努力,每个人都能把舞台剧表演的精彩绝伦,"吴敏说,"我将会一如既往地努力学习科学文化知识,积极参加社会活动,不断提高自身综合素质。"

(学生记者　邵　琪)

蒋梦露：未来犹可追,振翼而腾飞

2018 年度国家奖学金获得者蒋梦露

漫步在安庆师范大学校园中,你很可能与一位文静的女孩儿擦肩而过。不仅她的名字听起来给人一股暖意,她的微笑也总能给人带来阳光般的温暖。她就是国家奖学金获得者——来自化学化工学院化学工程与工艺专业2016级(2)班的蒋梦露。

不虚度时光,迈步坚实有力

这位文静的工科女孩却是同学口中的"学霸":大一综合测评班级第一,大二综合测评专业第一,顺利通过国家大学英语四、六级以及安徽省计算机二级考试,获得校级一等奖学金和"三好学生"称号……

时光荏苒,转眼间,蒋梦露已经是大三的学生了。回顾过去两年的大学生活,她觉得自己并没有虚度光阴,"因为我迈出的每一步都是坚实而有力的"。

其中,最坚实的一步莫过于出众的英语成绩。回想起自己连续三年参加全国大学生英语竞赛且均获国家级奖项的事情,蒋梦露还是很激动。"我第一年获得了全国二等奖。拿到奖状的那一刻很开心。因为对英语的热爱,所以之后两年也都参加了,但没想到均获奖。"

英语学习,持之以恒

谈及自己的英语学习,蒋梦露表示,学习历程并不精彩纷呈,甚至可以说是枯燥单调的,但坚持是可以值得骄傲的地方。"预习、复习、重复、总结、坚持,这十个字是我最大的、也是最本质的学习心得。"每天清晨,蒋梦露都会背英语单词。操场、教学楼走廊、图书馆楼梯都能看到她捧着词汇书,大声朗读的身影。"背单词不是死记硬背,我喜欢把单词进行拆分,根据每个部分的读音来记。平时不认识的单词,也会习惯性的查词典,直至完全理解。"值得一提的是,蒋梦露大学期间光学习英语的笔记本就有数十本,按照一词多义、异词同义、满分句型、做题技巧和规律、名人名言等分类总结,每本都清晰明了。蒋梦露看着这些学习英语的"法宝",心里满是感谢,感谢自己多年对英语的坚持,并且从未懈怠过。

当然,学习总不会是一帆风顺的。"学霸"蒋梦露坦言,自己也遇到了困难。她深知,每次考试都会在英语听力上失很多分。"训练听力能力时,我会先听一遍,然后看原文,再对着原文听一遍,如此反复演练,直到能口述文章所表达的主旨。"蒋梦露笑着说,自己最多一次听了十几遍。回想起自己的付出,蒋梦露认为一切都是值得的。

除了英语,专业课上遇到困难也是难以避免的。蒋梦露表示,"专业课很难,上课能听懂都是件很难保证的事。"那为何选择这个工科专业?蒋梦露给出了自己的答案:"出于兴趣。相比于理论型的研究,我更倾向于解决具体实际的问题,这是我对工科感兴趣的原因。而我们学校的化学工程与工艺专业的研究内容和很多领域紧密相关,不仅学科实力强,而且特别有意义。"为了学好专业课,蒋梦露都会在课前预习,标记出自己不懂的地方,提前做到心中有底;课上紧跟老师思维和进度,着重听预习时的不懂之处,再不懂就和同学讨论或请教老师;课后及时做习题,复习巩固,尽可能将做的每道题都弄懂;最后总结题目特点和做法。

显然,蒋梦露的努力是有成效的。综合测评成绩连续两年位列班级第一,大二综测成绩更是专业第一,连续两年获得校级一等奖学金和"学习标兵"荣誉称号,连续三次获得英语竞赛全国级奖项,并获得国家奖学金。

此外,蒋梦露还喜欢运动和音乐,尤其喜欢学习之余边听音乐,边去操场跑步来放松自己。她坚信保持良好的身体与精神面貌能让自己精力充沛的面对新一天的挑战。

"我的性格比较随和，大学生活虽不是精彩纷呈，但贵在无波无澜，平安喜乐。我很庆幸这样的性格没有改变。我也很喜欢这样的生活状态。"蒋梦露表示，大学期间的经历对她来说，是人生中一笔巨大的财富。她深知，以后的路还很长，但同时也对未来充满了信心。

"已往不可谏，未来犹可追，理想其未远，振翼而腾飞。"蒋梦露满怀期待地说，她将用奋斗的汗水，认真的态度，拼搏的精神去灌溉成功之花，迎接它绽放的那一刻，用青春和激情去奏响属于她自己的人生乐章。

（学生记者　孙迎翔）

黄岩：艰难困苦，玉汝于成

2018 年度国家奖学金获得者黄岩

他叫黄岩，是囊括了国家奖学金和国家励志奖学金的"学霸"；是醉心于科研创业的金奖得主——荣获 2018 年创青春·安徽省大学生创业大赛金奖；是两次获评校"优秀学生干部标兵"的好班长、学生会骨干。对自己获评国家奖学金的事，他说感到有些意外，因为自己只是一名普通的安庆师范大学学生，只是做了一些不辜负自己的事。

做兼职，笑迎生活苦难

出生于普通家庭的黄岩，自幼由母亲一人将他拉扯大。"为了我们的生活，母亲每天起早贪黑工作，现在母亲的身体不太好。"黄岩自责地说，自己体会到母亲的艰辛与不易，所以会在大学里做一些兼职，以此来减轻家里的经济负担。"我主要兼职做家教。印象深刻的一次是去年暑假的家教经历。天气很热，早上 6 点坐公交车去学生家,讲课3个小时,结束后紧接着再去做另一份家教。虽然辛苦,但想到可以减轻母亲负担,也会咬牙坚持。"此外,在节假日与寒暑假,黄岩还积极参加社会实践活动。他笑着说:"不但提高了自己的能力,而且还有一定的收入,节省了家里的开支。"

有兴趣,创业竞赛展风采

黄岩初中就对化学非常感兴趣,进入大学之后,他如愿学习了化学专业。谈到自己的专业,他眼睛里散发着光芒。他认为,不同于纯理性分析,化学更多的是一门实验科学,它是生动的、丰富的。除此之外,黄岩一直努力践行老师们对他的教导,即做实验一定要有耐心,要注意观察实验现象,下任何结论之前都应有明确的论据支撑,力求客观和科学。

如果说是对化学的兴趣为他敲开了大学的大门,那么进入安庆师范大学之后,创业大赛获得省级金奖则更让他坚定了投身化学研究的信念。黄岩表示,自己一直以来对创新创业很感兴趣,得奖背后是无数个和队友在实验室研发产品的日夜。"最煎熬的就是赛前疯狂修改完善文件,队员们都一起加班到宿舍快关门。有一天晚上下着倾盆大雨,我们还在化学楼修改材料,最后还是创业项目指导老师开车送我们回的宿舍。"黄岩感激地说。

正是强烈的兴趣,让黄岩在学习和创业竞赛的过程中丝毫不觉得疲惫,前两年的综合排名在年级中位居第二,如此优异的成绩是他获得国家奖学金这一殊荣的重要原因。他常常早出晚归,每天有很长时间在实验室研究创业项目,这一状态已经持续一年多时间。

怀热忱,工作连接你我

科研创业之外,黄岩还是学生工作中的积极分子。他担任化学化工学院化学专业2016级(2)班班长、院团委学生兼职副书记,组织各种活动,与同学相处极为融洽。大二时他担任院学生会秘书处助理,大三成为院学生会团总支,致力于为同学争取权益,传达学校学院各项通知、政策,做好学院和学生之间的沟通工作。黄岩根据学生干部工作职务不同,在QQ上建立工作群(三个年级百余名学生干部在专属的工作群里接收通知),以便将每个通知都有条不紊地传达到班级、个人。黄岩介绍,这些工作群是所有通知、信息的公共交流平台。任院学生会团总支一年,他具体负责这些工作群的管理。

当被问及对未来的打算时,黄岩坚定地表示,目前在备战考研,不论考研结果如何,还是会选择从事与化学相关的行业。无论是生活、学生工作,或未来的选择,黄岩都特别清楚自己真正热爱的事物。化学令他如此倾心,执着于自己的专业,笑迎生活的苦难,这或许是黄岩能够轻松前行的原因。

（学生记者　孙迎翔）

牛传琦：放手一搏，书写自己的传奇

2017年度国家奖学金获得者牛传琦

"二战"考研考入安庆师范大学文学院的牛传琦，是2016级中国现当代文学专业的一名研究生。2017年，他凭借自己连续发表的2篇小说研究分析论文，获得该年度国家奖学金。但这只是名叫"传奇"的小伙子走出的一小步，当他放弃大多数人梦寐以求的稳定工作选择重回校园读研时，他人生的传奇也正拉开着帷幕……

"不想要"月薪6000+的工作，跨专业"二战"考研

大学期间，牛传琦学习的是国际经济与贸易专业。2012年大四一毕业，他就直接找了工作，在一家贸易公司从事销售，拿到月薪五六千的工资。每天跑业务、跟客户，纯粹销售类的工作带给他的是疲惫和不充实感。已经稳定工作两年的他发现，自己并不满意的这样生活状态。

他决定用考研来为自己创造更多的可能性。因为对文科感兴趣，学国贸的他选择了跨专业考汉语言文学的研究生。牛传琦说，当时自己最大的动力，是来自生活的压迫。他不想耗在这样忙忙碌碌却无意义的工作当中，用他的话来说，这种精神上的空虚让自己"不得劲儿"。他告诉自己，这种一眼就看到未来的生活"不是我想要的"，他决心改变自己。

备战考研的那段时间，他白天工作晚上看书自学，不习惯熬夜的他也硬撑着学到凌晨1点才睡觉。有人劝他工作都稳定了还辛苦考研没必要，但他不这样想，他说自己认定了的事就不会放弃。第一年考试成绩不理想，他不死心，就再来一年，打算"直到考上了为止"。

起初面对"二战"考研，牛传琦心里也有想打退堂鼓的时候。他打趣自己，"人生不如意十之八九，我不能老想着八九，不想那一二的可能"。于是他用自己乐观的态度坦然面对困难，并坚持了下来。他觉得，"既然有了第一次的经验，就放手一搏"。

2016年，牛传琦"二战"考研成功，考入安庆师范大学中国现当代文学专业，从山东来到安庆，开启了研究生阶段的求学之路。文科专业需要厚积薄发，他就恶补了不少文学经典和理论书籍，并坚持做读书笔记。后来慢慢有了自己的见解，他开始尝试投稿发表论文。

2017年，牛传琦的小说研究分析《从身体欲望的觉醒到伦理的钳制——评刘恒的〈伏羲伏羲〉》发表于《山东青年政治学院学报》，《褪色的父权——从〈罂粟之家〉〈妻妾成群〉看苏童的父权书写》发表于《西江文艺》。他因这2篇论文获得了2017年度的国家奖学金。

面对"三十而立"，不想走别人设定的路

"年轻就该多学些东西，什么时候学习都不晚。"正因为有这样的想法，牛传琦放弃了自己稳定的工作，重回大学校园里读研学习。但他对自己的生活依然没有太多物质上的奢望，在他看来，平平淡淡也是一种生活，身体健康就最实在。

如今到了成家立业的年纪，曾经的同学们都有了稳定工作，结了婚。可牛传琦却觉得，相较于这些"世俗"意义上的满足，有些东西一旦错过就再也没机会得到了。他说自己不想走别人设定的路，不想安于现状而失去很多可能。他对单调的生活和既定的模式感到恐惧，他想要忠于自己的内心。

现在牛传琦越来越相信一句话：知识不一定改变命运，但一定会改变一个人。他觉得读书正慢慢改变着自己，让他明白什么是自己内心想要的。他说，读书让自

己接触了更多的可能,"我相信文学能打造一个人的内心,不带功利性地去读书,能充实人的'精神后花园'"。

除了作家和书中的主人公,牛传琦觉得生活中也有人潜移默化地影响着自己,这其中对自己影响最大的是文学院的安刚强老师。他觉得,"安老师有自己的精神世界,从不会在乎别人对他的看法,从他身上,我明白了如何找寻生活的乐趣。"

牛传琦说,以前自己也喜欢热闹,但现在更多的是想一个人静下来看书。他觉得,独处也是一种能力,人每天大多数的时间还是要面对自己。每个人追求的生活都不同,而他选择在书籍中寻找属于自己的一方心灵净土。

热爱足球却不狂热,他不愿迷失自我

牛传琦平时开支不大,除了吃穿,更多的是用在买书上。不怎么喜欢网购的他,闲暇时逛逛淘宝,也是淘些旧书。研究生的学习生活给了牛传琦更多的自由,一天 8~10 小时的阅读、写书评和做读书笔记成为他生活中必不可少的事。如果把他的生活简单归为两部分,那么一部分是学习生活,另一部分一定是属于足球的。

从大学时接触到足球之后,牛传琦就被这项富有魅力的体育运动吸引住了,他喜欢大家向着同一个目标奋斗时的感觉。在他看来,足球已不再简简单单只是一个爱好,它更像是一种传奇的象征,能带给自己无穷的力量和惊喜。他说,自己最喜欢的球星是克里斯蒂亚诺·罗纳尔多(简称 C 罗),因为 C 罗身上所具有的努力、冷静和荣誉感能引起自己的共鸣。

和其他球迷不同,牛传琦的寝室里,既没有满墙的球星海报,也没有太多足球元素。他说,自己是从心底里热爱足球,这种热爱是忠实的却不狂热,就像他一贯坚持的不迷失自我,他是个理性球迷。他觉得这和自己读研后不断改变的心界有关,他从不会将球场上的情绪带到场下。

牛传琦住的研究生寝室在一楼,旁边紧靠着菱湖校区的足球场。初到安庆,他常有种身在异乡的感觉,但足球使他结识了一群有共同爱好的朋友,慢慢融入了身边的环境。他觉得相较于家乡传统老成的思想氛围,安庆这座城市更具独立和自由。"安庆历史上的人文氛围很好,来这里我觉得选对了城市。"他笑着说。

(学生记者 郭金帅 张晓佳)

陈云云：一个自律而恋旧的人

2017年度国家奖学金获得者陈云云

喜欢看各种电视剧，但为了准备考研，大二下学期果断戒掉；恋家，为了考研能上梦想的大学，尽量不回家，大多数时候只给家人报平安；热爱各类"鸡汤文"，但内心坚信只有足够努力和优秀，才能不负初心……

淘宝买的第一件商品，是大二第一次做家教时候买的语法书，后来将书赠予了这位学生；大学四年以来，生活路线是一个正方形，教学楼——图书馆——寝室——餐厅；大三学期结束后，她没有了星期的概念，也淡忘了季节的更替，每天早6点到晚10点半，成为最基本的戒律。

不忘初心，四年如一日

初次见到陈云云，利落的秀发，干练的气质，十分清秀的面孔，一开始还有些文雅的拘谨，很难联想到她已经大四，并获得了国家奖学金，同时跟考研这一挑战对抗了近2年。正是这样的她,4年来保持简单化一的生活规律,活生生的将大四的坚韧"传送"给大一,把大一不屈的信念坚持至今。

学习,交际不多,实践活动较少。这是陈云云给自己大学4年的一个简短概括,其中有着喜悦、欣慰、艰辛、失落,同样也有着或多或少的遗憾。

"我的生活很简单,以学习为中心。人际圈很小,从寝室6人的好姐妹,到班级这个集体。"陈云云说。虽然有着在院学生会做干事的履历,踏踏实实地做好每一件事,但没有进一步发展人际关系,扩大交往圈,陈云云觉得,本来的圈子已经够大了,足够自己耐心经营,细致处理。

更多的时间,倾力在学习上。手机里是各种学习软件及学习资料,每天的日程是上课、背单词、刷题等,三年如一日。"大学里更需要自律,所有时间都是你的,你需要随机应变的调整,也需要对自己的心理进行调节。"

让人感到有趣的是,陈云云的手机相册中的图片可以分为两类,一类是近几年外国语学院考研信息统计表,陈云云时常查看,这张表上有着历年来外国语学院学子们奋勇拼搏,考研成功的事例。"这张表对我既是一种鼓励,让我向学兄学姐们学习和看齐,也让我充满活力,我想登上光荣榜,激励一届又一届学弟学妹们。"

另一类则是在网上随手截图的名言警句。"你的父母,仍在为你打拼;这就是你今天必须坚强的理由"。陈云云的名言警句随时更换,4学习疲乏之余,让自己重燃活力。最近作为手机屏保壁纸的是《风雨哈佛路》中的一句话——"没有人可以和生活讨价还价,所以只要活着,就一定要努力",这句话鼓舞了几代人,也使陈云云感慨万千,她表示有空的时候一定要重温这部励志电影。

对自己负责,不辜负每一个人

提到考研,陈云云可谓是准备的足够长久,大一刚入校,就读商务英语专业的种子便在心中萌芽成长。即使准备再多,她仍然认为不可懈怠和放松,"要对自己负责,更不能辜负父母的支持与良苦用心",陈云云想用实际行动来报答父母。

谈到具体报考哪一所高校的时候,陈云云卖了一个关子。谨慎稳重的她认为,过多的谈及报考的院校会沉不住气,给自己增添压力。她想等尘埃落定后,再向身边的好朋友们公布,分享这一难得的喜悦。"真正准备考研是从大二开始的,从选择学校,准备教辅资料,再到制订属于自己的计划,请教了当时的学兄长,也有自己的一些想法。"

大二时,为了补贴生活,同时也是对自己能力的考验,陈云云决定当一年家教。辅导的学生是一名初中生,学习刻苦努力,但缺乏适宜的方法。陈云云在得知这名学生的具体情况后,为她量身制订了一个学习计划,首次用淘宝进行网上购物,购买了一本英语语法书。"学生的学习情况得到了很明显的改观,英语成绩突飞猛进,而我自己的知识在教授过程中,也更加系统和规整了。"令陈云云没想到的是,自律和制订计划同样适用于他人,这使平日里默默无闻的她,变得自信、阳光起来。

大三开始,陈云云主动担任起班级学习委员这一职位。很多人对学习委员的印象是,事情多而琐碎,是个吃力不讨好的职位,但陈云云不这么认为。"我希望通过自己的实际行动,使班级的学习氛围更加浓厚,耐心地为同学们在学习上排忧解难,同时也是提高自己的人际交往能力和口才的机会。"

班级内一半以上的人选择考研,作为学习委员的陈云云需要向学院上报,一部分同学可在学院提供的考研自习室内进行复习。但由于名额有限,陈云云主动让出了一个名额,选择在校外租了一间自习室,进行日常复习。

不骄傲、不气馁,坚持走下去

"我们都很努力、认真,希望都能考研成功,向着自己心仪的未来前进。"陈云云的寝室六名女生,五名女生都选择考研,每个人专业成绩都是名列前茅,着实是一个学霸寝室。

互相提醒,互相监督,互相鼓励,虽然报考的学校各不相同,但都在朝着梦想不断拼搏与奋斗。"我们姐妹几个关系可好啦,寝室不论学习氛围,还是人际关系都特别的好,还获得过'和谐寝室'称号。"陈云云自豪地说。

恋家,是陈云云给自己贴的一个标签。每天都会给妈妈打电话,倾诉心声,聊一些家里的日常,再汇报一天的"工作",也让爸爸妈妈知道自己一天在做什么。"不知不觉,给家里打电话成了每日难得的放松时间段。"

大一班级排名第一、大二专业排名第一、大三专业排名第二、英语专业四级证书、BEC中级、国家奖学金、各类比赛一等奖……这些成绩没有使陈云云志得意满、好高骛远。反倒是通过这些考验,认识到自己的不足,想要向更高更远的目标进发。

四年来,自始至终没有想过放弃,心里想着"一定要坚持下去"这个信念。固然,面对挫折也会失落、难过,但人生不该就是波澜起伏,充满惊喜与困难的吗?"感谢家人、朋友们的支持,感谢老师们的谆谆教诲和理解,希望自己自信一点,实现自己的目标。"

(学生记者 郭永生)

王玲玲：博观而约取，厚积而薄发

2017年度国家奖学金获得者王玲玲

"不忘初心，方得始终。"这句话时常被王玲玲默念，是自己的座右铭，更是指引她不断前进，克服困难的箴言。王玲玲，是小学教育专业2015级的一名学生，性格开朗、积极向上、热爱集体是王玲玲给自己的标签，和多数大学生一样，她也会迷茫，但用行动证明了"博观而约取，厚积而薄发"，自己是一匹不容小觑的千里马。

大一至大三：由迷茫到稳定

"什么是大学""如何好好利用大学的时间""大学能给自己带来什么"，回想起大一时期一直困扰自己的问题，王玲玲感慨万千，"十二年寒窗苦读，终于考上梦寐以求的大学，等到真正入学稳定下来，最初的惊喜烟消云散，便感受到迷茫和困惑。"

学习上，由被动转变成主动进取；生活上，自理和规划变得尤为重要；学生组织上,又该何去何从,仿佛不计其数的问题都有待处理。"感谢那时候的自己加入学生会的网信部,融入了学生会这个大家庭之中,由此结识了一些学兄学姐,他们在各个方面给我的意见对我来说是受益匪浅的。"王玲玲回忆。

"学高为师,身正为范",小学教育专业的王玲玲大一开始便主动参加了校学生会的启明星义务支教队,每周三下午都"陪伴"在附近小学的学生身边;每天一定花至少两个小时的时间,用于复习专业课知识和读阅教育类书籍,让自己"有事可做,有事要忙";热爱新闻的她,自小养成看《新闻联播》的习惯,来到学校后,仍然坚持观看;一手建立起属于"教育学院"的学生会通讯部,让学院有了属于自己的"喉舌"。追溯两年以来的过往,王玲玲感觉最多的是欣慰,没有辜负自己,想要去做的都一步一步得以实现。

"你认为自己是学霸吗?""学习方面,有哪些对大学生有用方法吗?"……面对学弟学妹提出的诸如此类的问题,让王玲玲"哭笑不得"。原来,大一时,无论是综合测评、还是智育成绩,在班级皆是中等水平,并不起眼,而在大二这一年,一直坚持适合自己的方法和"no pains, no gains"的信念,终于取得了综合测评和智育成绩双第一的好收获,并一举拿下国家奖学金。

令王玲玲感受深刻的是,学习不是一蹴而就的事,一朝一夕无法取得突飞猛进,"找到适合自己的方法,稳定下来,坚持下去,相信自己才是最重要的"。她取得的成绩,让每位熟悉她的人更加相信——博观而约取,厚积而薄发。

"跑步是最有趣的事情。"谈到兴趣爱好,最让王玲玲欲罢不能的非跑步莫属了。她从小就喜爱运动,跑步对她而言,绝对是"解压神器"。学累了怎么办,去跑步吧;心情不好怎么办,去跑步吧;不知道做什么的时候,还是去跑步吧。"跑步就像是我的老朋友,总在我需要的时候,出现在我的身边,为我排忧解难,算是自己的秘密武器吧。"

令人意外的是,王玲玲更是一个热爱集体的人。从热爱班集体,和班级几乎每位同学都玩得开,到在学生会里作为"吉祥物"这一担当,集体给予王玲玲的不仅是慰藉,还有感动和希望。"学长不辞辛劳的给我们提建议和指方向,如今作为大一大二眼中的'优秀好学姐',想给他们树立一个榜样,让他们看见大学生活未来的希望。"

除此之外,王玲玲所在的班级堪称学霸班级,班级连续两年评选成为优秀班集体,班级在大二的时候大学英语四级通过率为100%。

而她所在的寝室同样优秀,被外人封为"中国好寝室",寝室卫生好,学习氛围好,成员成绩好,在这样的班级和环境中成长,王玲玲表示打心底里高兴。

有趣的是,有一档电视节目,让这个外界眼中的"中国好寝室"十分神往,那就是《欢乐喜剧人》,平时各自为不同事务奔波忙碌的四名成员,能一起交流的时间有限,都喜欢看小品的她们,在每个星期新出一期后,一定会放下手上的事务,一起观看,共同享受难得的欢乐时光。

时间像小方块,规划好去实现

大学生最需要什么呢?王玲玲以自己为例,表示"**善于规划自己**"是十分有必要的。给自己制订小目标和大规划,有一个明确的方向感才更有奔头。"我的时间像一个一个小方块拼凑而成,什么时间认真去做规定好的事情,才能更好更快地实现自己的愿望。"王玲玲总结道。

如今的她,为一年后的考研,备战已有一年,选学校、专业、老师,到给自己制订学习计划,王玲玲内心中的"弦"崩的紧紧的,不敢有丝毫松懈。

"如果有人询问我关于学习方面的问题,我会毫无保留地帮助他。"王玲玲平日里还喜欢看心理学方面的书籍,她认为心理学中提出的"助人自助"这一理念对我影响很大,让她相信帮助别人时,也是间接在审视自己,"我还会向身边的人推荐自己买的书,借阅给别人,"双十一"期间购买并准备阅读的《民主主义教育》《夏山学校》《给教师的一百条建议》等书,拿到寝室后就不自觉告诉别人,被别人借去。"通过分享,王玲玲感受到发自内心的喜悦。

"希望可以不辜负家长和老师的栽培,能通过努力实现自己大学以来规划的考研梦,让自己的大学活得无怨无悔。"王玲玲满怀斗志地说。同时,她想向寝室的三朵"姐妹花"们说:"姐妹们,一起实现自己的梦想,加油!"

(学生记者 郭永生)

陈新月：用刻苦"逆袭"人生

2017年度国家奖学金获得者陈新月

学霸、刻苦、人好……这是周围同学们对陈新月的认识。在很多人的眼里，陈新月是个"人生赢家"：拿到了安徽省大学生化学竞赛三等奖，获过的奖学金、奖状不胜枚举，还是国家奖学金的获得者之一。但很多人不知道，在这些荣誉的背后，陈新月也曾经徘徊迷茫过，但都咬牙坚持、不断努力，挺过来了。

高考失利，她陷入迷茫

陈新月是安庆师范大学化学与化工学院化学工程与工艺专业2015级（2）班的一名学生，高中就读于无为一中。高中时，因为成绩好，陈新月被分到了理科重点班，每次考试成绩都在同年级一千多名学生中排到了前一百名，考的最差的一次也是年级三百多名。"高考的时候，我的成绩跌到年级六百多名，一落千丈。"陈新月说，这是她从来没想到过的事情，落差感特别大。

"高考完的那个暑假过得很煎熬，不像别人高考完都很放松，觉得人生太无聊了。"回忆起高考失利、刚进入大学的那段时间,陈新月叹了口气:"大一时我该做什么就做什么,只是做任何事都不会尽力去做,陷入了迷茫。"

好友警醒,她重新上路

陈新月说,她最感谢的人就是好友李敏。"就是因为她骂了我一顿,才把我从那段迷茫的低谷中拉了出来。"陈新月感激地说。

"有一次李敏问我一道高数题,我不会,而另一位高中时跟我水平差不多的同学却连这道题目在书上的哪一章、哪一页、有几种解法都很熟悉。李敏就把我和那位同学相比较。"陈新月说,那时候她觉得自己的自尊心受到了伤害,和李敏吵了起来,但李敏的一句"我是真心为你好"让她意识到了自己的错误。"那之后,李敏跟我分享了她的学习生活,什么时候去图书馆、什么时候去自习,在我人生中真的起到了很大的作用。"陈新月笑着说,那之后的第二天她就开始每天自己去图书馆、去自习。

"我觉得有些事情你不能因为没有人陪你去做,你就不愿意去做,或者是没有时间去做。那时候我就开始一个人做一些事,我觉得这应该就是成长吧。"陈新月微笑着说。

付出努力,她获得"国奖"

陈新月的学习方法有个特点,就是喜欢刷题。她说:"我只要有时间就写卷子刷题,大部分专业书的课后习题我都是写满的。我觉得通过练题比书本上的知识更容易懂,我很享受刷题的过程。"

在平时,只要自己没有别的事情,陈新月就会背上书包去自习,大三上学期还给自己规定每周只能有一天的放松时间。在陈新月的心里,她会给自己大致地规划一天的行程:几点起床、几点看书、这个科目看几个小时……"我觉得看书的时候一定要有自己的速度、步骤,注重自己的学习效率。"陈新月表示,这些都是她自己慢慢摸索出来的学习方法,要想有所成效就必须努力坚持。

功夫不负有心人,陈新月斩获了安徽省首届高校大学生化学竞赛三等奖,连续两年获得校级一等奖学金,同时她还是国家奖学金的获得者。通过自己的努力,陈新月实现了完美"逆袭"。

"虽然获得了国家奖学金,但我觉得自己还不够优秀。未来的路,还需要脚踏实地地慢慢走。"陈新月坚定地说。

(学生记者 施玲慧)

王婉婉:播下一个努力,收获一种命运

校级一等奖学金获得者王婉婉

王婉婉,中国共产党预备党员,安庆师范大学物理与电气工程学院物理学2015级(2)班学生,任班级班干。在校期间,先后多次获得校级一等奖学金和"优秀学生干部标兵"等荣誉称号。连续两年智育成绩和综合测评排名班级第一,大二期间一次性通过国家英语四级考试。在大学两年的生活中,她从青涩逐渐走向成熟,生活的点滴让她逐渐懂得如何才能让自己更优秀。

带着对大学生活美好的憧憬,她来到了这个大学校园。正当同学们过着安逸生活的时候,她却不满足于现状,规划自己未来大学四年的生活,她不断地奋斗,不怕吃苦,不畏艰辛,把自己变得更加优秀,更加完美。正在为成为理想中的自己不懈努力。

学习刻苦,成绩优秀

学习上,王婉婉端正态度,一丝不苟,努力学习科学文化知识。作为班级班干,她知道要以身作则,成为同学们学习的榜样,而作为学习委员,更需要努力学习,才能解决同学们学习上的问题。作为学生,学习是她的天职。所以她深知学习的重要性。课堂上,当有同学在后排玩手机开小差的时候,她总是坐在第一排认认真真的听课,工工整整的记笔记。课下主动找同学老师问不懂的知识点,向老师请教专业相关的基本知识,同时解决同学们学习上的问题。不管是专业课,还是公共课,她总是坐在第一排仔细听课,临近考试时,在教室待到熄灯才回宿舍。就这样她的学习成绩连续两年班级排名第一,并且在大二学年,一次性通过大学英语四级考试,两次获得校级一等奖学金,获"优秀学生干部标兵"等荣誉称号。看着自己用努力换来的成绩,她知道自己在进步,同时还要再接再厉,力争使自己成为一名品学兼优、综合素质过硬、专业素质突出、全面发展的大学生。

工作出色,认真负责

除了认真的学习,王婉婉还担任班级的学习委员。在大一,怀着为班级奉献自己的一份力的初衷,为同学们服务的决心,她竞选了学习委员,大一、大二任职期间,除了辅导员及各科老师的上传下达及完成班级工作之外,她和各科老师沟通交流,发现并解决同学们学习上存在的问题;开展经验交流会,让同学们学习更多的优秀学长的学习经验,及时了解考证方面的信息,准备好各科的复习资料,降低班级的挂科率,抓好班级学风,努力营造班级良好的学习氛围,协助班长等其他班干组织班级活动。按照学校,学院和老师的要求,创造一切可以让班级发展的条件和空间。她充分发挥一个学生干部的模范带头作用,在学习上成为同学们学习的榜样,在工作上得到了同学们的认可与支持。

强化思想,向党看齐

大学期间,王婉婉以一个积极向上态度显现在人群之中,入学以后就向党组织递交了入党申请书,并在平时的学习生活中主动向党组织靠拢,时时刻刻以一个中国共产党党员的标准来严格要求自己。通过自己的努力成功成为了班级中第一批入党积极分子,并在大一下学期参加了学院53期党课培训班,经过一个学期的学习,她系统地学习了《党章》,深入了解了马克思列宁主义、毛泽东思想、邓小平理论、"三个代表"重要思想以及科学发展观,对中国共产党的性质以及宗旨等都有了更全面、更深刻的认识,顺利通过了结业考试,王婉婉同学时刻以高标准要求自己,努力提高自己的思想素质和理论实践水平。通过她的努力和良好的群众基础,她是班级第一批发展对象,现已是一名预备党员。

发展兴趣,全面发展

由于大学之前并没有条件和时间去发展自己的兴趣爱好,在大学期间,利用自己的课余时间,王婉婉加入学生会学习舞蹈。她坚持每天训练,不断地充实自己,完善自己,为各项活动贡献出自己的一份力,积极参加学院的文体活动,她克服种种困难,不抛弃不放弃,她相信凭借努力,一定可以取得成功。她积极参加学校综合运动会的健美操比赛,并取得了良好成绩。

生活充实,严于律己

王婉婉出生在农村的一个普通家庭里。在她很小的时候,父亲和母亲就外出打工,她和年幼的弟弟留守在外婆家,这使得她从小就特别懂事、谦让、独立自主。

由于出生在农村和从小养成的良好习惯,她勤俭节约,从不铺张浪费。王婉婉自制力特别强,为自己的生活工作学习各个方面都做了合理的规划,从而能取得一定的进步。生活上在力所能及的范围内合理消费,处理好与同学们的关系;工作上安排好每项工作的时间;学习上对各科学习有较好的把控,安排好自己的课余时间,即使在周末她也会按时作息,去教室自习,亦或是图书馆,还有固定的兼职家教,这些充实了她的生活,拓宽了她的视野,使她受益匪浅。在锻炼自己能力的同时也减轻父母负担。课余时间,她积极参加社会实践活动,锻炼自己。她深知只有经历逆境的磨炼,才会更加珍惜生活,来回报关心自己的人。经过两年大学生活,王婉婉同学收获了很多,不仅在知识方面拓宽了自己的知识视野,在生活方面,她也一点点地改变,一点点地完善自己。

"播下一个行动,收获一种习惯;播下一种习惯,收获一种性格;播下一种性格,收获一种命运。"把优秀当成一种习惯!回顾过去,辛苦与收获同在;展望未来,机遇与挑战并存。在自我人生的舞台上,每个人都是唯一的主角,只要够努力,每个人都能把舞台剧表演的精彩绝伦。王婉婉表示她将会一如既往地遵守学校的规章制度,积极参加社会活动,努力学习科学文化知识,提高自身综合素质,以一名党员的标准严格要求自己。

陈东强：只要够努力，幸福一定会来敲门

2018 年度国家奖学金获得者陈东强

陈东强，安庆师范大学经济与管理学院财务管理2015级(2)班学生，中国共产党预备党员。

自立：坚韧向前

陈东强出生于农村贫困家庭，幼时母亲因病去世，和父亲、姐姐相依为命。父亲是位普通的农民，家里主要经济来源就是务农，家庭的重担全压在父亲身上，但是父亲从没有喊过一声苦。这让他真正的从内心深处体会到父亲有多么的不容易。也正是从那时起，他立志要好好学习，通过接受教育来改变整个家庭的命运。

从小学到初中，再到高中，凭着优异的成绩一路向前，多次获得免学费和奖学金的优待，成为了大家眼中"别人家的孩子"。然而就在高二下学期，命运又对他开了一次玩笑，父亲突发心肌梗塞，经过数次的抢救，父亲的命是保住了，但从此再也

不能从事体力劳动了。这对于一个贫穷的家庭来说犹如晴天霹雳,家庭生活愈发拮据。于是,陈东强做起了"兼职",虽然高中生活很紧张,学业负担比较重,但是他从来没有在学习和做"兼职"间失去过平衡。他始终在心里默默告诉自己,生活是艰难的,但是永远也不要放弃希望,唯有用奋斗和毅力才能给自己创造机会。

2015年陈东强带着满心的希望与憧憬来到了大学。深知能够体验大学生活对他来说是多么奢侈,于是他比别人更加珍惜,更加努力。大学期间凭借国家助学金、助学贷款、校内勤工俭学、校外家教兼职以及自己多次获得的奖学金,没有让家里掏一分钱,实现了经济独立。他自立自强的事迹经学校宣传后,被推荐参加2017年中国大学生自强之星评选,最终获得"中国大学生自强之星提名奖",其事迹在人民网、《中国青年报》、搜狐网、安徽省教育厅官网以及学校主要媒体得到更广泛的宣传,并且2018年被评为安庆师范大学"十佳青年学生"。

自强:奋发向上

进入大学以来陈东强始终朝着自己最初的目标前进,获得一次国家奖学金,两次国家励志奖学金。连续三学年获得校一等奖学金和"三好学生标兵"荣誉称号。同时还两度被评为"优秀共青团员",多次获得创新创业单项奖学金、道德示范单项奖学金、文体竞赛单项奖学金、学习标兵单项奖学金。另外还连续两学年获得学校"则一"奖助学金。一次性高分通过大学生英语四、六级考试,取得会计、证券、期货从业资格证书,国家计算机二级证书。但是,他并不满足于此。

在"双创"的时代背景下,陈东强结合自己的专业优势参加了多项创新创业比赛并取得了不菲的成绩。2016年全国管理决策模拟大赛,这个比赛对于他来说完全是"最熟悉的陌生人",和队友每天背着电脑来教室练习,商讨经营策略。一路上经历过队员放弃的无奈,也经历了队伍重组的不适应,但是他并没有放弃,历时十个月的比赛,经过校赛、大区预赛、大区复赛、国赛的层层选拔,最终凭借团队的默契配合斩获全国二等奖。随后第二年,陈东强在学院带领同学们再一次积极参与到比赛当中,参与的人数创新高,也为学校储备了后备力量。结合上一年的经验,最终在2017年全国管理决策模拟大赛中获得一等奖。2018年他一边准备着考研,一边准备着比赛。当面对比赛和学习相冲突的时候,曾经多次产生放弃的念头。但是秉着有始有终,不要轻易放弃的理念,一路顺利过关斩将,最终获得全国管理决策模拟大赛二等奖、第二届安徽省物流设计大赛二等奖、第二届"京东杯"全国大学生物流仿真设计大赛安徽省二等奖。参加第七届"挑战杯"安徽省大学生课外学术科技作品竞赛时,暑假里和指导老师、队友顶着烈日在全国16个城市做调查,走访,紧接着回到学校整日泡图书馆查阅资料,经历过在图书馆的"夜不归宿",体验过食堂的"风餐露宿",也目睹过安庆师范大学凌晨 3 点的夜空。长达 1 年的准备,最终作为学校唯一的经管类作品参赛获得了省级三等奖。大学期间获得省级以上奖项 11 项,校级 12 项。

回首参赛的过程,经过层层选拔,校赛、省赛、大区赛、国赛,付出的过程是艰辛的,但是陈东强看到自己每一步的前进与收获则更加欢喜。

自信:永不停歇

经过努力,2017 年陈东强成为学校唯一公费赴马来西亚博特拉大学(世界排名 206 名,亚洲排名 32 名)学习的交换生,最终 GPA 达标(3.587/4.00),被评为"优秀交换生"。出国读书,对于陈东强来说以前根本就是想都不敢想的事。但是当他站在博特拉大学的校园里,他告诉自己,只要够努力,幸福一定会来敲门。人生的底色就是靠奋斗来填充的,奋斗的青春最美丽。

上大学后,陈东强每年都会从自己的奖学金中拿出一部分钱来帮助家庭贫困的孩子。尽管力量很微弱,也会尽力去守护这些孩子的梦想,希望他们不会因为家庭贫困而失去受教育的权利。同时,他利用寒暑假在家乡的小学帮助留守儿童辅导课业。他用自己的经历告诉孩子们,只要自立、自强、自信,用自己的双手一定能闯出一片天地。

"面朝大海,春暖花开。"即使身处逆境,也要保有对生活的、对明天的希望。陈东强一直以这句话自勉,他希望自己永远保持一颗积极向上的心,用奋斗去书写自己的人生。

李忠钢：感谢遇见的逆境

第四届安徽省大学生物流创新设计大赛一等奖获得者李忠钢

"天行健，君子以自强不息。"这是安庆师范大学物流管理专业2016级(1)班李忠钢的座右铭。

自立：与现实顽强斗争

李忠钢来自四川省南充市的一个小乡村，生长于贫困家庭，家庭收入来源以务农为主，偶尔父亲会因为经济问题而出去打零工。母亲属于多病体质，从骨质增生到全身多处结石再到子宫肿瘤，高额的医药费让她的脸上少了很多笑容。虽然生活艰辛，可父母从来未在他面前抱怨过一句，并一直教育他要做一块"硬骨头"。

从记事开始，药和被嘲笑从未离开过李忠钢。他患有先天性重大慢性疾病，为了控制病情必须长期服药，中药的苦涩和西药的哽咽是他难忘的记忆。但最让他忘不了的是同龄人不时投来的异样的眼光。面对种种挫败，他一直选择努力和坚持,因为李忠钢坚信:"命运在自己手中,我就是希望。"由于常年的药物开支,家庭的负担也越来越重,当他看见父母面朝黄土背朝天的景象,除了力所能及地去分担家务,也在心中默默发誓:"我一定要努力学习,考上大学,改变自己和父母的命运。"

从小学到初中,再到高中,李忠钢靠着优异的成绩一路向前,是大家眼中"别人家的小孩"。他知道只要自己足够优秀,就不在乎别人的眼光。生活是艰难的,但他永远不会放弃希望,唯有用奋斗和毅力给自己创造一个机会。2016年,他带着满心的希望与憧憬来到了大学,上学期间,靠着国家助学贷款、奖助学金、校外兼职,没有让家里掏一分钱,他暗暗告诉自己:"我是一个成年人了,我必须要靠自己的能力完成大学学业,不能再让父母在炎炎夏日中为我筹集血汗钱,只要我不放弃生活,生活必将善待于我。"

自强:用能力奋勇争先

学习是学生的天职,优异的学习成绩是自强成长的沧海航道。通过努力学习,2016~2017学年和2017~2018学年,李忠钢的综合测评都排名专业第一,连续两年获得国家励志奖学金、校一等奖学金以及"优秀学生干部标兵"荣誉称号,并获得大学生创新创业单项奖学金。一次性通过英语四级,成功考取国家普通话"二甲"资格证书。

高水平、高效率的工作是自强成长的破浪帆船。身为班长的李忠钢积极协助辅导员管理和建设班集体,营造良好的学习氛围,打造有质量的班级。在大一上学期班风创优中,李忠钢所在班级位于新生班第一名。2017~2018学年,他被聘为安庆师范大学大学生物流协会会长,带领协会在创新创业类协会评选中名列前茅;同时,他被聘为经济与管理学院主持队队长,为学院各类活动培养优秀的主持人,让主持队活跃于院校各大活动中。

实干的实践精神是自强成长的指引风帆。2018~2019学年李忠钢获得了大学生物流设计安徽省一等奖,同时为学校赢得物流设计大赛优秀组织奖;还获得了国贸英语秀校一等奖,目前正在角逐省赛;2017~2018学年参加和策划的双创项目"邮趣物流"被列为省级重点项目,在其他赛事中还获得了全国大学生创新创业ERP管理大赛安徽省三等奖,"三下乡"暑期实践活动校级先进个人称号,物流设计大赛校级二等奖,魅力主持秀校级二等级,"讯飞杯"朗诵比赛校级优秀奖;2016~2017学年,他获得院创新创业大赛二等奖,院演讲比赛二等奖。通过层层的选拔比赛,李忠钢学会了和团队配合,以及要对自己有信心,始终坚持不懈,就能让梦想扬帆起航。除了在各类比赛中展露身手,他还活跃于校园各类活动,以优秀的主持技巧先后主持了商梦园文艺晚会、纵横杯辩论赛、汇爱公益晚会、三创校园选拔赛、轻步飞扬模特大赛、新生风采大赛、娃哈哈营销策划大赛、国贸英语秀、四成跨年晚会、千百合文艺晚会等大型活动以及众多院系活动。李忠钢认为大学生应是综合能力较强的素质青年,所以他不仅注重学习、也注重自身能力的提升。

自信:伴初心继续向前

在李忠钢的成长中,有很多人给予过帮助,所以他也有着"赠人玫瑰,手有余香"的信念。每年他都会从兼职的工资里面抽取一部分用来资助家乡的小学,虽然他目前的力量很弱小,但他希望以自己为例,鼓励那些成长中的天使,只要自立、自强、自信,一定会拼搏出属于自己的天地。

哈代说:"人生里有价值的事,并不是人生的美丽,却是人生的酸楚。"身处逆境,是放弃还是坚持?是灰心还是重整旗鼓?是固执己见还是回归初心?我们可以去看看那些沙漠里的胡杨,那些风口中的凌然松树,那些盐碱地里的"活化石"水杉,它们会告诉我们:请感谢遇见的逆境,它是"绝处逢生"的美丽,足以让你的生命涅槃重生。未来的路很长,自强奋斗,李忠钢从未停歇,也将永不止步。

汪盼：志存高远，奋斗不息

"数创杯"全国大学生建模挑战赛一等奖获得者汪盼

汪盼，中国共产党党员，安徽安庆人，来自2015级数学与计算科学学院数学与应用数学专业(1)班。她曾获两次校一等奖学金、两次国家励志奖学金、一次创新创业单项奖学金，数学建模省一等奖和省三等奖，一次校教师技能竞赛三等奖。获"三好学生标兵""优秀学生干部标兵"荣誉称号，并顺利取得高中数学教师资格证。

思德，一场自勉的修行

汪盼积极向党组织靠拢，大一入学便向党组织递交了入党申请书，成为班级第一个发展对象，现已成为正式党员。她时刻以一名优秀共产党员的标准严格要求自己，并有幸参加了安徽省高校学生党员网络培训班，时长1400多分钟的主干课程的学习，从党的光辉历程到党规党章的学习，再到新时期习总书记的系列讲话，十九大精神的解读，每一次视频课程都是一次精神的洗礼，每一段艰辛历程都鼓舞着她奋勇向前。

另外,还在班级研讨课上发表了学习心得,与同学分享了网络培训课上与其他高校的学生党员一起学习的感想,收益颇丰。通过前期党课、时事新闻以及本次系统的学习,让她深知党员的责任,要加强党性修养,全心全意为人民服务,通过学习变得更优秀,将来为社会主义现代化建设奉献自己的力量。

家庭,一条不竭的源泉

汪盼出生在一个小山村里,父亲是农民,母亲患有精神分裂症,丧失劳动能力。2016年1月,哥哥因车祸意外离世,留下了年仅23岁的嫂子和1岁多的宝宝,一家人沉浸在悲痛中。

可生活还在继续,父亲毅然担起重担,每天奔波于田野,面朝黄土背朝天,常常晚上因为腰疼睡不着,独自一个人在角落抹着眼泪,为了钱忧愁。她曾无数次想过放弃学业,早点帮家里赚钱,减轻父亲的重担。可当她看到父亲那渴望的眼神与期盼的目光时,她告诉自己要坚持下去,用知识改变命运,用优异的成绩给他们最大的安慰和补偿。

学习,一束不息的光芒

"驾驭命运的舵是奋斗。不抱有一丝幻想,不放弃一点机会,不停止一日努力。"身处逆境让汪盼更坚韧的成长,自然界里没有风风雨雨,大地就不会有春华秋实。当她再次踏入校园,才真正懂得可以学习是一件多么幸运的事,她很感恩还能有机会去完成学业,她希望用她的努力取得良好的成绩,回报父母和社会。

进入大学以来,严格要求自己,积极要求上进,努力学习专业知识。她每天早早到教室学习,晚上教室熄灯之后方离开,穿梭于在教室、读书园或图书馆之间,按照学习计划,以饱满的热情投入到学习中,在大一、大二学年获得两次校一等奖学金,两次国家励志奖学金,获"三好学生标兵"荣誉称号。一次性通过高中数学教师资格证的笔试和面试、大学英语四级考试、普通话达二级甲等水平,计算机达到安徽省二级优秀水平。

大二踊跃参加数学建模比赛,获"数创杯"全国大学生数学建模挑战赛一等奖,第十届"认证杯"数学建模网络挑战赛三等奖,并成功申请到创新创业单项奖学金。对于汪盼来说,每一次数学建模,都是一次珍贵的经历,每一次三天三夜的磨砺,也都是一次蜕变。在这过程中,她体会到了数学的魅力、数学应用的广泛性。理论运用于实际,实际运用又回归于理论学习。这种相辅相成的搭配,犹如贝多芬交响曲般悦耳动听。

工作,一簇似锦的花团

汪盼深知"独学而无友",自大一起担任学习委员,积极在班上组织学习兴趣小组授课活动,利用周末课余时间给同学们讲解习题,并在晚自习时组织成绩优异的同学一对一的帮助基础薄弱的同学补课,营造良好的学习氛围。另一方面,她积极配合老师,时刻关注同学们的学习动向,及时将同学们的学习问题反馈给老师,做好授课老师和班级同学间的接力人。她的认真负责得到了老师和同学们的认可,获得了"优秀学生干部标兵"的称号。

现在她还担任2017级数应(4)班班级助理,一方面,每周为学弟学妹们答疑、讲解习题,定期出卷检测;另一方面,始终以积极向上的状态感染他们,支持学习"一带一"互助活动,鼓励参加教师技能大赛并做赛前辅导,并在思想上引导他们思考规划大学生活,获得了老师和同学们的一致好评。

除此之外,她现担任党小组组长,积极配合支部书记,组织理论学习,开展批评与自她批评;曾加入院学生会外联部,积极为学院各个晚会活动寻找赞助支持。

实践,一道助力的阶梯

"纸上得来终觉浅,觉知此事要躬行。"作为师范专业学生,师范技能是必备的。汪盼曾利用学校公休时间在"立新小学"义务支教半年,为了进一步培养语言表达能力,参加校教师技能竞赛获三等奖,院"讲中华好故事"三等奖,知识竞赛校三等奖、省优秀奖。在数学爱好者协会担任指导老师一职,连续三个暑假及课余时间兼职家教,提高师范技能。

此外,她是安庆市首届马拉松比赛的志愿者,参与了大学生第三方脱贫攻坚监测评估工作和校园创业实训(模拟公司)培训班,所在寝室获得院"双室设计大赛"三等奖和院"安全之家"称号。

回首昨天,应该是问心无愧的;面对今天,应该是倍加珍惜的;展望明天,应该是信心百倍的。汪盼虽然不是最优秀的那个,但她却不停下前进的脚步,在人生的舞台上,绽放出最美的姿态!

卢敏：从心开始，勤学笃行

国家励志奖学金获得者卢敏

2015年卢敏带着对未来的憧憬和家人的企盼，离开家乡黄山，坐在奔赴安庆的汽车上，开启新的征程。

感恩，是一场无价的修行

在追梦的路上，常怀感恩之心。践行孝老爱亲，守护细腻姐妹情，回报多年养育恩。2016年，母亲被查出患糖尿病时并未告知还在学校上学的卢敏，每次微信视频，母亲都笑颜满面，还总是鼓励、关心卢敏，让她照顾好自己。现在回想起来，母亲这样做大概是怕影响她的学业，怕她分心。暑假期间，母亲的身体出现异样，全身水肿，视力下降，昔日饱满的精神也不见踪影，卢敏陪着母亲去市医院检查，才知道母亲患了糖尿病，突如其来的噩耗让她一时无法招架。可是母亲依旧笑颜满面，母亲乐观的人生态度感染了她，如今，她已经是小大人了，正值青春，她坚持承担家庭责任,寒暑假边兼职边照顾母亲,她从网上查阅各种资料,也向医生询问了糖尿病患者适宜的饮食,为母亲搭配好菜肴,希望从饮食和生活起居上能帮助改善母亲病情。上学后,她总是担心母亲病情,每周都和母亲视频电话,虽然她不在家,但是她的心时刻牵挂母亲。医生建议母亲去南京看肾病,父亲一人维持家里的经济情况,还要照顾残疾的妹妹和爷爷奶奶,无法兼顾,一听母亲说要自己去,卢敏心急如焚,虽然她的能力有限,但她无法安心在学校静等母亲消息;尤其是母亲视力又不好,于是决定自己带母亲去外地医院看病,能陪着母亲,再累再远,她都会飞奔过去。从预约、挂号、检查到住院,为母亲寻医问药。她相信,只要情况还没有到最坏的时候,都会变好,会越来越好。

奉献,是一股沁心的暖流

谈及自己的志愿活动时,卢敏表示:希望能够尽微薄之力,为世间奉献一些温暖。2016年参加了安庆市关爱自闭症儿童公益活动,用热情点燃星星的孩子,绽放属于他们的光芒。2017年参加了"善行100"志愿服务活动,大二下学期每周都去市区为山区的孩子筹款,让他们冬天不再寒冷,而是被温暖与爱所包围。每次活动结束后卢敏都会想起自己的妹妹,在回学校的路上都要和妹妹通电话。卢敏表示很想快点长大,帮妹妹创作更好的条件,让妹妹永远像现在这样没有烦恼的成长。她还参加了无偿义务献血活动,她相信一个人的力量也能点亮他人的生命,愿用自己的热血燃烧他人的生命,她坚持锻炼身体,继续志愿献血,希望越来越多的人能从病魔的手中逃出来。2017年5月5日,她参与了安庆师范大学校庆120周年揭牌仪式志愿服务,"敬敷、世范、勤学、笃行"的校训激励着一届又一届的莘莘学子,能够见证这一历史性时刻,这使她倍感骄傲。另外她还参加了安徽省脱贫攻坚第三方监测评估。在安徽省芜湖市无为县开城镇进行评估工作期间,感受到她们作为社会主义接班人,奋斗拼搏的任务是艰巨的。一天早上,她带着早饭来到一家脱贫户家,家中只有两位高龄老人,他们一直激动地含着泪花说着"感谢党啊!"她按捺不住,将手里还是热乎的奶茶递给了老奶奶,走的时候抱着奶奶说:"好好照顾自己哈。"看到奶奶慈祥的笑容,她的心里也是甜甜的。2018年她参加了"新时代争做向上向善好青年"活动,有幸获得了提名奖,这让她更加坚定了前进的方向。始终不忘记为什么而出发,始终继续前行,即使路途遥远。赠人玫瑰手留余香,帮助他人让她体验到志愿服务的真谛,也让她体验到奋斗拼搏的重要性。

学习,是一项不息的运动

　　大一时卢敏曾迷茫过,不知大学应该如何才算过得有意义。是家人的陪伴和鼓舞,是她们共同克服困难、战胜挫折的经历,让她重新思考人生,为自己找准了方向,明确了定位。大二时,卢敏开始积极担任安庆师范大学敬敷网络中心评论员,在安庆师范大学公众号多次发表文章,以锻炼她的语言表达能力和写作能力。在2016~2017学年,她获得了国家励志奖学金、校级专业二等奖学金和"三好学生"荣誉称号,沿着自己的梦想奋力前进,明天一切皆有可能。2018年,新的一年,新的起点,她会继续努力,一切从零开始,勤学苦练,愿迎来更加美好的明天。

　　即便征途坎坷曲折,她也要尽己之能铺陈出一道亮丽的彩虹,品味乐观豁达的人生,珍藏浓于水的情愫,用爱的画笔勾勒五彩的人生。

王和政：青春，不熄的火焰

2017 安徽省大学生田径运动会 110 米跨栏二等奖获得者王和政

三月的天空很美丽，安庆师范大学的风景格外好。在这个充满收获的季节里，王和政在安庆师大慢慢成长，从大一那个懵懂无知的少年，成长为一个有上进心的青年。大学的生活充实而美好，他不愿做一个整天无所事事的学生，他想用汗水洒在大学每一寸土壤里，然后慢慢成长。

王和政，中国共产党党员，中国共产党安庆师范大学第一次代表大会党员代表。1996 年出生于安徽省天长市，安庆师范大学物理与电气工程学院 2014 级机械(2)班的学生。大学先后担任班级团支书、校国旗护卫队主旗手、院体育部部长、院学生会主席、共青团安庆市委员会组织部学校部门工作助理。

自 2014 年 9 月入校以来，他一直积极进取，充满激情，在思想、学习、活动、生活上都严格要求自己，因为他知道，今天的成绩来自昨天的努力，明天的辉煌必须从现在开始创造。为了自己的理想，他始终严格要求自己，坚持不懈，努力奋斗，面对思想、学习、工作以及生活上各种困难，迎难而上，不肯退缩。在自己的努力之下,在各方面都有所显著收获。坚持用科学的理论武装头脑,以积极的心态和求真务实的态度来应对自己遇到的每件事,积极践行"敬敷、世范、勤学、笃行"的校训和"团结、勤奋、求实、创新"的精神,不断提高自己、完善自己。在学习生活中发挥先进性,起模范带头作用。

严于律己,积极进取

来到大学后,立志从思想上彻底地改变自己,在生活中严格要求自己,作为一名共青团员,王和政深刻了解到中国共产主义青年团是中国共产党领导的先进青年的群众组织,是广大青年在实践中学习中国特色社会主义和共产主义的学校,是中国共产党的助手和后备军。时刻以一名优秀共产党员行为准则规范自己的行为、思想。为了加强自身的思想建设,时刻关注党的新闻认真研读党的会议精神,思考并坚决执行党中央对他们青少年的要求,真正做到内化于心、外化于行。通过努力,有幸成为物理与电气工程学院第51期党课培训成员。在组织的培养下,他逐渐成长,分析和解决问题能力越来越强,为更好地服务同学奠定了基础。他深知自己在同学中担任肩负重要的角色,一心一意为同学服务。在学习,生活作风上严格要求,起模范带头作用,时刻为班级同学服务,最终成为了一名光荣的中共党员。

为迎接党的十九大、庆祝建党96周年,2017年暑假学校组织安排了在全国青少年井冈山革命传统教育基地开展了为期5天以"坚定理想信念,传承红色基因"为主题的学生党员和入党积极分子骨干教育培训活动。他很荣幸成为此次学习团队的一员,带着对"中国共产党是做什么的?为什么要加入党组织?加入了党组织后应该怎么做?"这三个意义深刻问题的思考,踏上苍峦林海中的革命赤土感受党的魅力。

历史从不等待一切犹豫者、观望者、懈怠者、软弱者,在生活学习中牢记职责、并持之以恒;慎独、慎微、慎始、慎终常记心间,坚守自他、严格自律。经过大学四年的奋斗,在组织的认可、老师同学的举荐下,王和政荣幸当选为中国共产党安庆师范大学第一次代表大会党员代表。

书山有路勤为径,学海无涯苦作舟

上大学后才发现,大学的学习与高中有着许多区别,更加强调自主学习,王和政深刻明白学习的重要性,只有刻苦认真、追求卓越学习才能进步。在2014～2015学年综合测评专业排名第一,获得校级一等奖学金,"优秀学生干部标兵"荣誉称号。2015~2016学年综合测评专业排名第二,获校级一等奖学金,"优秀学生干部标兵"荣誉称号。在2016~2017学年综合测专业排名第三,获得校级一等奖学金,"三好学生标兵"荣誉称号。在大学生挑战杯中,与班级同学认真准备参赛。最终他们设计改造的机械助力爬楼小车成功进入校决赛。在学习课本知识的同时也需要多方面了解其他知识,本着多方面学习的态度参加了学校组织举办的安庆师范大学"大学生KAB创业教育"大讲堂,认识学习老师为他们讲解的创业知识,受益匪浅。

服务他人,锻炼自己

刚入大学的时候,军训期间,王和政成为班级的负责人,每天带领班级同学做齐步走、正步走的练习,认真完成教官布置的任务,并成学校的军训标兵。作为班级团支书,接到团日活动的通知,第一时间与班级同学共同商量,确定了以"环保,合作"为主题的团日活动。机械两个班级一起合作共同清理一直无人问津的后山,不仅促进了刚开学两个班级同学之间更深程度的沟通交流,更重要的是再次呼吁同学们保护环境、增强环保意识从自身做起,此次活动在学校里取得了很好的反响。

大学中最令王和政难以忘怀的日子便是在国旗护卫队的时光。开学不久后,学校开始招收国旗护卫队成员,100多名成员经过两轮的选拔最后只剩下了30多名,虽然很辛苦但贵在坚持,很荣幸的担任了二队的主旗手。虽然军训早已结束,但是国旗护卫队依然坚持每天训练。每天晚上国旗台前都会有一群同学们齐声高喊"一二一、一二一,……全体都有、向右看齐!"每个星期一早晨7点准时带队在国旗台下组织升旗,肩上的国旗是一种光荣,而将她升上蓝天迎风飘扬更是他们的使命。一年的国旗护卫队经历让他知道了责任感的分量、严格自律的重要。

大一时他加入了物电学院学生会体育部,并在这个学年里努力成为了体育部部长。在学生会里他学会了如何跟别人更好的交流和沟通,在沟通中互相认识和了解。大二带领学院体育部与源动力阳光跑族社团合作开展了"阳光三走"的跑步活动,在学校刮起了一股跑步热潮,让同学们真正了解到走下网络、走出宿舍、走向操场的"三走"意义,活动在学校内取得了很好的反响。因表现突出,王和政在大二末当选为院"十佳青年"。

本着服务他人锻炼自己的原则,王和政参加了2016年安徽省希望工程暑期田园课堂公益活动,赴亳州市蒙城县王集乡王集中心小学开展为期15天的"萤火之力"支教活动。活动被中国青年报等多家媒体报道。在随后的学校"三下乡"评比中他们的"萤火之力"教育帮扶实践服务团获得"优秀团队"称号，王和政也被评选为"三下乡先进个人"。在经过两年的学生会锻炼，在老师同学们的肯定之下最终成功竞选了院学生会主席。任职期间积极开展各项文娱体育活动，丰富同学们的课外生活，与同学们交流紧密，热心帮助同学们解决生活学习上的问题。多次获得"校园文化先进个人"与"优秀学生会干部"称号。

2017年在学校团委的推荐下，王和政担任共青团安庆市委员会组织部、学校部大学生工作助理。实习期间积极协助部门处理机关党建、智慧团建、发展团员调控、"践行新思想 拥抱新时代"主题组织生活会、少先队等相关工作。在工作中尽心尽力、一丝不苟的态度得到了团市委领导们的一致认可，充分展现他们安庆师大学子奋发向上的姿态。

驰骋于赛场的男生才是真汉子

王和政是一个热爱运动的男生，渴望在比赛中挥洒汗水，用努力换得最终的胜利。经过6个月刻苦训练，王和政终于在安徽省大学生田径运动会中，代表安庆师范大学获得了男子甲组110米栏与三级跳远的二等奖，并获得本次省大运会的个人体育道德风尚奖。这些成绩的获得，除了平时默默的积累，更离不开老师们的谆谆教诲。在校第34届运动会中获得男子甲组100米第一、跳远第一、三级跳远第二，立定五级跳远第二，男子4×100米团体第三，男子4×400米团体第一，并获得本次运动会的"精神文明运动员""先进个人"的称号。在校第35届运动会中获得男子甲组100米第一、跳远第一、三级跳远第二、立定五级跳远第二，男子4×100米团体第三，男子4×400米团体第一，并获得"优秀运动员"和"先进个人"称号。在校第36届运动会中个人则获得男子100米第一，并成功打破了学校十多年来的百米纪录，跳远第一、跨栏第一、立定五级跳远第一、三级跳远第一、100米接力赛第三、400米接力赛第三的成绩，并获得"精神文明运动员""先进个人"。在校第37届运动会上获得男子甲组110米栏第一名，男子甲组100米第一名，并获得该届运动会"精神文明运动员"的称号。自己取得成绩了这并不算什么，带着大家一起取得好成绩才是最终的目标。从大一开始他就给自己定下一个目标——带领大家争取学院在校运动会中取得团体总分第一名！目标很明确，接下来就是如何实施了。综合分析学院的球队队伍建设情况，除了已有的篮球队、足球队，经过一年多的策划、选拔、训练，学院第一支完备体系的乒乓球队、排球队、羽毛球队终于诞生了。创建的过程是漫长的、艰辛的。但是看到和队员们一起取得好成绩，王和政觉得一切的努力都是值得的。一半的目标已经完成，另外一半也很重要。完成各支球队的队伍建设后就是投身于运动会的训练,在第 36 届运动会前,王和政认真开会总结前两届运动会各个项目的不足,集思广益提出有效的解决方案。新学期刚开始立即带着学院的运动健儿们制定好训练选拔计划并每天督促大家训练。最终不负众望,带领学院在第 36 届校运动会中获得了总分团体第一的好成绩!

  青春,不熄的火焰。经过不断磨炼的青春才会让他们的大学过的精彩,不负韶华,不负自己。

梅冠东：抓住机遇，严于律己

2017年度国家奖学金获得者梅冠东

双腿微曲、眼神紧随着球的方向，见势起跳，在空中挥臂截击平飞过来的球，完成一次完美的扣杀。排球场上，这位"引人注目"的帅小伙的出色发挥，时常赢得满堂喝彩，帅气的面庞下，取得的成绩同样令人瞩目。

梅冠东是休闲体育专业2015级的学生，综合测评班级排名连续三年第一，多次获得校级一等奖学金，是优秀学生干部标兵，还是国家二级排球运动员。除此之外，他还考取了国家体验式培训师证书、国家活动策划师证书、国家二级篮球裁判员证书。

最大的变化：机会是留给有准备的人，要主动出击

在上大学前，梅冠东是一个默默无闻的人，很少主动去展现自己。

"我是个集体意识很强的人，大学军训时同学们互相不了解，我就毛遂自荐做

了班长。"梅冠东说,进入大学不想再做没有存在感的"小透明",想抓住机遇,"主动出击"。也正是平时在班级管理上的多付出,做事情多征求同学们的意见和建议,力求公平公正,他的行事风格老师和同学都表示肯定。

同时他还担任班级班长、校学生会体育部部长、大学生户外协会会长,在身边的朋友看来,他是一个脚踏实地、认真负责的人。

如今每周一的早晨6点多,他会来到国旗台,在一旁指导国旗护卫队的升旗仪式。"我也曾是国旗护卫队成员,我现在做着梅冠东以前做的事,我能体会到他的不容易。"体育部副部长孙清晨说。

安徽省脱贫攻坚第三方调查、安庆市文明创建志愿工作等社会实践也有梅冠东的身影。"我自身家庭条件并不是很好,上大学以来,接受政府、学校的资助政策,老师们帮助了我许多,对此我一直心怀感恩,很开心能够参加。"梅冠东说,积极参加这些社会实践,不仅传递着一种志愿精神和正能量,也是自己表达感恩、以自身实践回馈社会的一种方式。

"在大学里,加入学生组织、参与社会实践、参加体育赛事……抓住每一个机会,在这些过程中,我拓展了自己的人际圈子,提升了语言表达能力。"梅冠东感叹:"自己已经从过去上讲台讲话紧张的小伙子,成为一个自信、稳重、懂得感恩的人。"

最妙的相遇:一次偶然,与排球结下不解之缘

"尽无志也,而不能至者,可以无悔矣。"这句话是梅冠东初一的语文老师送给学生的一句话,他一直铭记在心。这也成为了他在学习、为人、做事中的引路灯。

梅冠东形容自己就是一头"倔牛",做一件事一定会竭尽全力,拼到最后,对待排球也是如此。高一时在操场上打排球,偶然被教练看中,应邀加入校排球队。

梅冠东表示,因为当时接触排球较晚,所以他对自己的要求更加严格,除了正常训练时间,每节体育课的时间他也会利用起来,投入到训练中。

让他印象最深的是第一次参加训练。"当时我一个人面对着墙,垫了将近两个小时的排球,回去后两个小臂都肿了,但是一想到加入校队,与排球结缘,我一点也不觉得有多苦。"

作为校排球队的一员,梅冠东代表学校获得了2016年安徽省大学生排球比赛第四名、2017年中国四人制排球公开赛二等奖、2017年安徽省大学生排球比赛第六名、2017年安徽省大学生排球锦标赛道德风尚奖、2018年安徽省运动会高校部排球二等奖……这些让旁人都羡慕的荣誉,并没有让梅冠东志得意满。他说,不仅要感谢排球所带来的荣誉,更难得的是它带来的"缘分"。

因为排球,他认识了许多志同道合的小伙伴,和他们一起训练的时光让梅冠东很享受。在心情不好的时候,他也会通过打球来缓解。"正是我的高中教练启蒙了我的排球之路,也是排球为我提供了很多的机会和平台,让我认识了不少'排球圈'里的'大佬'。"

最深的感触:每一个人都可以是我的导师

"我可以在身边人身上看见闪光点,找到触动自己的那一根弦。"

在一场篮球赛中,体育部一名女部员担任播报比赛流程的主持人,但因为人多紧张,试了很多次总还是犯错误,梅冠东不留情面地当着众人的面训斥了这个女生。"当时这个女生就哭了,我也意识到自己的做法有些欠妥。后来我了解到这个女生之前一直在反复练习,才感觉到她的用心和不易。"梅冠东表示,这件事让他懂得了不能因为一个错误就去否定了一个人,应该全面审视每一个人。

最遗憾的莫过于在家时间少。高中寒暑假忙着排球训练,本想大学假期时间多能陪陪父母,可是上大学以后一直为各种事情忙碌,使他颇为惋惜。

高一的时候第一次拿到600元排球比赛奖金,寒假回家的时候,梅冠东给妈妈买了一双500元的鞋。谈起这件事,他十分感慨:"妈妈一直很节俭,当时责怪我怎么买这么贵的鞋,之后知道她跟亲朋好友'炫耀',便觉得欣慰与珍重。"

最终的目标:我想做体育行业的领跑者

对于未来,小目标是考研,大方向是从事体育行业。

梅冠东认为考研是对自我层次的提升,让自己的未来有更多的可能性。英语对于他来说是考研需要克服的一道难题,他说自己平时注重单词的积累,扩大词汇量。

"学好英语不仅是考研的需要,而且对我今后的人际交流和工作都大有帮助,如果我在工作时遇到外国的顾客,良好的沟通可以赢得顾客好感。"

"大家都知道,1971年的'乒乓外交'推动了中美两国关系正常化的进程。运动是世界性的,也可以成为两国建立友好关系的桥梁。做体育并不只是学体育,除了学习体育技能,还有更深层次的意义。"

梅冠东认为,我国体育行业具有很大市场热度和发展前景。他打算多一些历练,结合自身专业优势,努力成为体育行业的领跑者。

(学生记者 朱丽萍)

社会实践

李红：逆风而行，为理想奋斗

全国学生作文大赛三等奖获得者李红

　　李红，就读于安庆师范大学文学院2015级秘书学专业。大学期间，他无论是在专业学习上，还是在社会实践上均取得优异成绩。两年来分别获得校二等奖学金、校一等奖学金，并获得"优秀学生干部""优秀学生干部标兵"荣誉称号；同时他也积极地参加各类社会实践活动，始终保持着积极向上的心态，时时以高标准要求自己，妥善处理好学习和工作的关系，努力做到全面发展。

　　踏进大学校园的那一刻，"要充实地过好每一天，不给明天留遗憾"是他的大学追求，也是他自己定下的奋斗目标。两年来，回望走过的路，为了追求自己的全面发展，提高自己的综合素质和能力，他一直都在严格的要求自己，尽最大的努力去完善自己，为了实现自己的理想而不断努力着。

思想进步,紧跟党走

　　自幼热爱社会主义祖国的李红,积极拥护中国共产党的领导,诚实守信,遵守宪法、法律和学校的各项规章制度,积极响应中国共产主义青年团的号召,积极向党组织靠拢。在日常生活中认真学习党的重要理论和指导思想,并且将这些理论知识与实践相结合,在思想上和行动上严格要求自己。

　　入校伊始,李红便积极地向党组织递交了入党申请书,大一上学期参加了文学院第52期入党积极分子培训班的学习,成为一名入党积极分子,并于2016年12月成为中国共产党预备党员。入党后,他在继续学习党的基本理论知识的同时,更加注意发挥党员先锋模范作用,在德智体美等各方面起表率作用。他清楚地知道,自己需要更加努力,不断改造自己的思想,不断磨砺自己的意志,做到在政治、思想和行动上与党中央的要求保持一致,努力践行社会主义核心价值观,用自己的实际行动来做好一名党员应尽的义务与应担的责任。

一分耕耘,一分收获

　　"学无止境,勇攀高峰",始终鞭挞着李红不断学习。他铭记在心底的目标,让他在管理班级事务的同时着手社团的工作,需要花费比别人更多的时间投入到学习中,努力使自己在学习上不甘人后。入学两年来,他一直刻苦学习,努力向上,有明确的学习目标。两年来,专业成绩排名及综合测评均处于全专业前列,顺利通过全国高等学校(安徽考区)计算机水平考试和大学英语四级考试,课程通过率100%,获得校二等奖学金一次、校一等奖学金一次。

　　他一直以积极认真的态度对待,脚踏实地,走好每一步,上课认真听讲,课后积极复习,不仅仅满足课本知识,更注重拓宽专业视野,学习和了解专业前沿知识和研究领域。在学习理论知识的基础上,他非常注重理论与实践相结合,利用专业相关知识成功组织了多次班级特色活动。

勤恳劳苦,认真负责

　　"生命不息,奋斗不止"是李红同学的座右铭。在大一、大二学年,他担任班级班长一职。他对班级的管理逐渐多样化、创新化。在这两年里,已经组织了多次班级活动,如"公文写作专业交流会""辩论赛""职场模拟大赛""秘书礼仪培训会"等多项活动,使同学们深刻感受到了大学生活的丰富多彩。带着一路成长所积淀下来的经验,为老师和同学服务便是他工作的宗旨。他先后获得"优秀学生干部""优秀学生干部标兵"荣誉称号。

此外,他努力提高自己的综合素质,加强实践活动,积极参加技能项目,提高自己的实践能力。在老师的帮助下,他潜心钻研,不懈努力,不仅让他巩固了理论知识,学到了实验技能和知识,更重要的是学会"复杂的事情简单做,简单的事情认真做,认真的事情重复做"的科研思维和态度。他还积极参加文学院组织的暑期"三下乡"社会实践活动,积极去实地进行实践调研,将理论知识与实践相结合。2016年他的暑期"三下乡"调研报告《安徽省三市特色产品销售调研报告》获得院级三等奖,并获得省级大学生创新创业训练计划项目立项。

他积极利用课余时间和暑假进行勤工俭学和暑期实习。在上海策图广告公司进行暑期实习时,经常要到凌晨2点多才能下班,可他从来没有抱怨过一丝一毫,他努力在实践中提升自己,主动学习。时光易逝,在过去的两年大学时间里,经过勤奋的付出,他也得到了应有的回报,取得了一定的成绩,充分展示了当代大学生的风采。

勇于实践,积极活动

热爱生活,用激情点缀自己的大学生活。他喜欢不断尝试新的事物,学习之余,积极参加各种文体活动。演讲赋予他激情,绘画使他多彩,辩论让他思维缜密。大一、大二期间,从厨艺比拼到演讲比赛,从讲中华好故事比赛到辩论赛,都能见到他的身影。广泛地参加活动使他不断成长,厨艺大赛最佳组织奖、职场模拟大赛三等奖、全国学生作文大赛三等奖。各种丰富多彩的活动让他在参与中快乐、在快乐中收获,在收获中成长。

回顾大学两年来,他明白这些活动使他学到了许多,经历了许多,成长得更多。"感谢一路上给予我无限帮助、无尽鼓励的老师和同学们。我将以更大的努力不断实现更高的梦想,秉承'敬敷、世范、勤学、笃行'的校训,紧紧把握住每一个锻炼自己的机会让自己变得更加优秀。"李红回忆这些活动时说道,每一次活动的锻炼,都使他不断逆风而行,为理想奋斗。

扬帆起航,追逐梦想

"已往不可谏,未来尤可追;理想其未远,振翼而腾飞",收拾好行囊,不忘记最初的梦想,迈开坚定的步伐。现在的他,早已定下自己新的奋斗目标:考研。人生的每一个阶段都要心存理想,坚持自己的追求,因为拼搏人生才变得更加多彩。

　　李红的笔记本上写着这样一句话:"逆风的方向更适合飞翔,不怕万人阻挡,只怕自己投降"。他相信他会努力克服各种困难,战胜各种磨难,一切都为了他心中最美的理想。

周云杰：自助者天助，自恒者恒强

2018 年度国家奖学金获得者周云杰

他课上积极主动、勤奋踏实；课下活跃在校园各类活动场合。他连续两年获得校级一等奖学金，并荣获"优秀学生干部标兵""三好学生干部标兵"等荣誉称号，斩获得创新创业和志愿服务单项奖、安徽省国元证券杯比赛三等奖和安徽省国际贸易综合技能大赛二等奖……这些无疑都是对经济与管理学院金融工程专业 2016 级（1）班的周云杰的最大肯定。无论学习，还是生活，周云杰都信奉"自助者天助，自强才是最强"。

学习工作两不误

"该学习的时候就学习，该比赛的时候就比赛。"这是周云杰时常挂在嘴边的一句话。他每天都会给自己一个计划表并按部就班地完成，尽量不拖沓。"每天都对自己需要做的事情做到心中有数，分出轻重缓急来，专心完成好每一件事。"周云杰说。

面对繁重的学习任务、细琐的工作,周云杰总能合理分配好时间,有效兼顾两者。证券从业资格证、基金从业资格证、期货从业资格证……这些与专业相关的证书已统统被周云杰收入囊中。在工作方面,周云杰不仅得到同学们的赞扬,还获得学院老师的赞赏。

大一期间,周云杰担任班级团支书。任职期间,其所在班级获得"十佳团日活动"一等奖,支部荣获"十佳团支部"荣誉称号。因为日常学习工作表现突出,周云杰也被授予"魅力团支书"的荣誉称号。

大二时,周云杰担任大学生金融投资协会团支书。他认真负责,踏实肯干,带领学弟学妹,积极参与组织社团活动的策划和开展,因此也获得了校级"优秀学生社团干部"的荣誉称号。周云杰表示,希望协会能够在一届一届的传承下发展得越来越好。

参加活动让他成长

2017年安庆市创建全国文明城市志愿者活动、学校文明就餐月志愿活动、学院"商梦圆"文艺晚会、"王老吉杯"国贸英语秀……除了学习和工作,周云杰在各类活动上的表现同样不俗。

"海阔凭鱼跃,天高任鸟飞。"周云杰表示,大学就是一个展示自我,锻炼自我的舞台,要全面发展自己,稳扎稳打,在大学生活中得到真正的成长和进步,实现自我飞跃。

连续两年参加财会理财大赛并分别获得二等奖和三等奖,参加第一届团情知识竞赛获三等奖、安庆师范大学第二届金融投资创新大赛优秀奖、第一届创业计划大赛三等奖、诵读国学经典三等奖、"互联网+"校赛银奖……周云杰在两年多的时间里,已经在大大小小的比赛中取得了让人羡慕的成绩。

对此,周云杰说:"一方面,参加各类活动能在课外得到放松,但更重要的是,很多活动能提高我的专业素质,也为以后的就业打下了一定基础。"

此外,周云杰还积极参与校外实践,担任优视科技有限公司的UC校园大使,负责校园宣传推广。

热爱且珍惜大学时光

在学习工作之余,周云杰也能将自己的生活安排得井井有条且丰富多彩。周末闲暇时光,拉上好友,骑着自行车,到学校周边转转,成为了周云杰大学生活的一大乐趣。"常出去走走,能够更加愉快地学习生活,也能开阔视野。"周云杰说。

"我喜欢这样的大学时光,过得充实而且有意义。"周云杰表示,很感谢一路上一直给他鼓励和支持的老师、朋友和家人,他们是自己坚实的后盾,也让自己变得更好。

回忆起那次接到辅导员的电话,得知自己获得国家奖学金时,"我当时真的有点不相信。"周云杰说,其次就是感到开心和感激,自己的付出有了回报。

"过去的都已经过去了,过去并不代表将来,现在也不代表着将来。自己踏踏实实地过好现在的每一刻便是最好。"周云杰坚定地说,既然自己已经选择了远方,便只顾风雨兼程。自己会在剩下的大学时光里,继续奋斗,不断充实自己,继续丰富美好的大学生活。

对于未来的规划,周云杰说自己非常热爱自己所学的专业,会从事与专业相关的工作。

(学生记者　张晓佳　徐　卓)

韦心怡：坚持的人终究会看见希望的光亮

2018年度国家奖学金获得者韦心怡

连续三年学习成绩专业排名第一、综合测评成绩专业排名第二，连续三次获校一等奖学金，并获得校"三好学生标兵""优秀学生干部标兵""校园文化先进个人"等荣誉称号。社会工作专业2015级的韦心怡一直在为自己的目标而努力。

大学4年始终坐在前排

2015年入学时，韦心怡就给自己定下了目标，珍惜大学4年的时光，不悔青春。事实上，她也的确做到了。大学期间，韦心怡善于约束自己，懂得自律。每天上课，教室前两排总少不了她的身影。

上课认真听，当堂消化掉大部分内容，下课以后及时巩固复习，把知识点做出框架体系。4年来始终保持这种学习方式并不容易，这源于韦心怡对自己严格的要求。

大学期间,最让韦心怡难忘的时光是在图书馆和稼先楼度过的。夏天天气很热,图书馆没有风扇,韦心怡从早上7点半左右开始学习,到晚上9点半结束。冬天晚上气温很低,她就窝在稼先楼走道的拐角处背书。尤其是考研时期,为了节省时间,韦心怡吃了很久的外卖,中午吃完饭就趴在桌子上休息一段时间,再起来背书。

不仅是她个人,韦心怡整个寝室的学习风气在班级中也是有目共睹的。学期期末考试,当别人还在床上犹豫要不要起床时,韦心怡寝室的4人早早就出门学习,晚上9点多才回到寝室。也因此,寝室4人在大学期间均获得过奖学金。韦心怡也打趣称:"这样一个寝室真是激励人学习。"

学习时光并不总是轻松的,心情烦躁也是常态,每当这时,韦心怡就会给自己放几个小时的假,和自己的小伙伴们聊聊天,互相打气。"学习必须劳逸结合,不然会很影响效率,休息一下,可以很好地调结自己的消极情绪。"

社工助人,亦为自助

最初选择社会工作专业,韦心怡并没有考虑太多。在长期实践之后,韦心怡在其中找到了自己的价值,也对专业产生了认同感。她说:"我觉得社会工作专业助人自助的理念和实践方法,是很积极很向上的,我很认同这个理念。"

大三时,韦心怡和同学一起做了一个有关流动儿童安全的调查项目。"随父母工作的迁移而不断移动居住地的儿童,他们一般都生活在城市边缘地区,因而他们的成长环境存在一些安全隐患。"韦心怡介绍,她们就是要在调研的基础上,提出合理的建议,帮助流动儿童解决安全问题。

在指导老师的帮助下,团队开始展开实地调研。但在实地调研过程中,也出现了很多问题。韦心怡表示:"服务对象比较难找,缺乏活动空间和资金,理论不能很好地应用到实践中去,这些都是阻挠我们开展活动的难题。"而最难的问题,出在团队成员自己身上。

当时,团队大部分成员都在准备考研,而做好调研项目需要花费很多时间,这在很大程度上动摇了成员们的决心。韦心怡说,那时成员们都处于低迷的状态,甚至想到了放弃。"学院书记、辅导员、指导老师一直在鼓励我们,我们也想到了团队成立时的梦想,于是我们决定善始善终,要对得起自己大半年的努力。"最后,她们坚持完成了这个项目,并获得了"创青春"安徽省大学生创业大赛省级金奖。

"我坚持做社会工作,也希望可以用专业性、职业化的服务去帮助更多的人。"因此,韦心怡考研时,仍旧选择了社会工作专业,并顺利考取了天津师范大学。

做开心的事情最重要

  大学期间,韦心怡也加入了很多组织,大一、大二是韦心怡忙碌的两年,而那时候,她还并不能合理地安排好自己的时间,因此,她有一段时间情绪比较焦躁。"最难过的时候,应该是大一下学期,那个时候要考"国二",课程也非常满,我还在团委任学生助理,还有学生会的工作。"有次工作结束赶去上课,韦心怡在途中把脚给崴了,因此休息了两个多星期。

  从那之后,韦心怡开始思考自己究竟想要什么?自己又能做到什么?然后她给自己的工作排了序,并辞掉了部分没有精力继续处理的工作。"做每件事情要分清它们的轻重缓急,要有自己的方法。"韦心怡表示,虽然要努力,但是也要量力而行,做开心的事对自己来说最重要。

  空闲的时候,韦心怡喜欢看书、看电影、旅行。《白夜行》《三体》《偷影子的人》……流行的书籍,韦心怡都爱看。"看书就是修身养性的一件事,趁着有时间多看看,也不用管是不是与本专业相关的书籍,自己喜欢就好。"

(学生记者 桑丽君)

江思雨：世事洞明皆学问，人情练达即文章

2018 年度国家奖学金获得者江思雨

一个戴着眼镜、扎着马尾的小姑娘，她小小的身体里却藏着大大的能量。连续两年获得校级一等奖学金，包揽学习标兵、宣传标兵、文体竞赛等单项奖，将十余个数学建模大赛奖项收入囊中，所在暑期三下乡团队获"校级优秀团队"称号……始终在学习和实践间游刃有余，她就是数学与计算科学学院应用统计学专业 2016 级（1）班的江思雨。

学习实践兼顾，充实自己

"合理规划好自己的时间，要让自己忙起来。"对于每一天的生活，江思雨这样说道。从大一入学至今，她是这么说的，也是这么做的。

在课程学习上，除了"吃透"书本上的知识点和练习。课后，江思雨充分利用学习资源深入学习专业知识，主动钻研。为此，她也经常与任课老师交流讨论、积极

探索。

"功夫不负有心人。"抽屉里摆放的一张张荣誉证书见证了她在大学里的成长。当看到自己的成绩时,江思雨并不满足于此,"路还很长,我必须一往无前"。

志愿服务现场、足球场、学院晚会、建模大赛,除了课程学习,江思雨还常常出现在各大活动现场。她常常提起的便是数学建模。大学生数学建模竞赛是一项通过实际问题考验学生思维能力、学习能力和团队协作能力的比赛,它涉及范围广,几乎渗透了各个学科领域。

回想起大一时的第一次建模参赛经历,江思雨仍显得有些激动。"由于比赛是全英文模式,当时专业知识也比较欠缺,但意外之喜,我们小组获得了二等奖。"江思雨回顾,比赛期间,团队的三个人也付出了很多"第一次"——第一次熬夜、第一次争论、第一次写论文。她说:"每一次建模都是通力合作的结果,也都成为我大学生活精彩的一笔。"

在其位尽其责

"青年时光非常可贵,要用来干事创业、辛勤耕耘。"在不同的学生岗位上,江思雨积极奉行着这句话。

作为班级的心理委员,大一入学,江思雨为了让同学们对大学以及自身的认识更加明确,组织问卷调查并根据问卷结果的分析为同学们提出了可行性的建议。

此外,江思雨曾在授课老师的鼓励下,组织班级同学参加安庆师范大学第一届心理情景剧,并担任编剧和演员。班级的参赛剧目《我要换宿舍》获得校级三等奖。"这是对我工作的肯定,也是鞭策。"江思雨说。

江思雨任学院学生会主席时,她表示:"相比于'领导者'这个称呼,我更觉得自己是学生会这个大家庭的一名家长。"此前,在担任学生会办公室主任一职时,江思雨时常在各个部门间起着"纽带"的作用。面对琐碎的工作,她也没有任何抱怨。"在一个职位,尽力做好应做的每一件事,不推卸责任,不拖拉。"江思雨表示。

三年的学生会生涯即将结束,江思雨表示,自己会协调好时间,把本职工作做好,如毕业晚会的筹划举办等,站好最后一班岗。

心怀感恩,一路前行

江思雨出生于工人家庭,父母收入微薄。从小,江思雨便明白父母的不易,这也让她比同龄人更加独立。她一直勤俭节约,不乱花钱。

大一时，做家教是江思雨每个周末的安排。"我大一期间就基本摸清了安庆市的各个区，从做家教当中，我也收获了很多，成长了不少。"江思雨表示，做家教是和社会接触的一种渠道，一方面能够挣生活费，减轻父母的负担，另一方面也充实了自己的生活。

当获知自己得到国家奖学金的消息时，"虽然很开心，但更多的是感恩。"江思雨表示，感恩之心很重要，自己一直秉持着感恩的心，感恩父母的鼓励和支持、老师的教导、朋友的相知相伴以及感恩学兄学姐的热心帮助。同时，感恩自己的选择，无论对错，这都是成长过程中的经历与经验。

"世事洞明皆学问，人情练达即文章。"江思雨认为学习不仅仅涵盖书本知识，还有来源于生活的一些经验和锻炼。现在大三的她，将自己的大学生活打理得井井有条且十分精彩。目前，她正在为考研做准备。"希望自己考上研究生，继续学习。做好当下，不念过往，才能无悔未来！"江思雨坚定地说。

（学生记者　张晓佳　吴　霞）

刘茹：欲戴王冠，必承其重

2018年度国家奖学金获得者刘茹

"大学的学习生活带给我最大的收获，是强烈的责任感和使命感。"刘茹说，在安庆师范大学的4年里，她找到了强烈的归属感，这是她奋进的一个动力。学前教育专业2015级（1）班的刘茹，是国家奖学金和国家励志奖学金得主，连续四年获校级学业奖学金，包揽宣传标兵、社会实践和学习标兵校级单项奖学金，获"三好学生标兵""学生干部标兵"等荣誉称号。

学习心态平和，踏实认真

要在学业方面取得成绩，刘茹认为最重要的是端正心态，把每一门课都踏实认真地学好，而不仅仅是为了得到高分而学习，学到东西才是最重要的。"大学四年，你会发现同学间的差别很大，关键在于是否自我约束，有无用心学习。很多事情，只要认真去做，并且真的努力了，结果不会让你失望。"

三年来,刘茹时刻谨记着学生的第一要义是学习,在学习上从来都是严格要求自己,不允许在态度上有一点放松。不仅高效利用课堂资源,勤于思考和提问,在课下也充分发挥自己的能动性,积极主动与老师沟通、和班里同学交流。三年的专业成绩总评始终名列前茅。"时常有这样的感觉,当面对一门陌生的课程,刚开始可能毫无兴趣,然而学着学着就发现其中的乐趣。"刘茹表示,寝室良好的学习氛围也给了她很大的帮助。"同寝室的同学一起学习,互相切磋,我感觉效果比单枪匹马地看书要好得多。我所取得的这些成绩离不开一直以来关心我的老师和同学们的帮助,是他们让我有勇气面对困难、有信心面对挑战。我内心对他们充满了感激之情。"

积极参与实践,锻炼能力

在努力学习好专业课知识之外,刘茹深知实践出真知,积极参加与专业相关的活动。通过自己的努力,在校期间通过了国家公共营养师三级、普通话二级甲等、钢琴三级、声乐八级、大学英语四六级等考试,考取了中国舞蹈家协会1~3级教师资格证,顺利通过了幼儿园教师资格证笔试和面试。这些证书是刘茹同学三年来努力地见证,正如她在谈到作家毛姆的名言"当我们注意脚下的六便士时,也别忘了头顶的月亮"时说:"作为大学生在脚踏实地努力的同时,也要有创新的意识和守护梦想的勇气。"考取舞蹈教师资格证是刘茹最难忘的备考经历。她坦言,自己本身协调性不太好,"备考舞蹈教师资格证的那段时间,每天练舞超过8个小时,一遍遍对着镜子纠错,担心自己记不住动作。幸运的是最终通过了考试,付出终有收获。"

另外,刘茹还积极参加各类社会实践,将服务的理念深入到社会和生活中去。大一、大二期间参与学院和学校组织的支教活动,被评为"优秀支教老师";参加安庆市首届马拉松志愿者服务;连续两次投入到安徽省"脱贫攻坚"第三方监测工作中;2016年参加"星星之语,闪亮中国梦"教育帮扶实践队,集中开展帮扶,实践活动受到了《安徽青年报》等相关媒体的报道,并且获校级优秀团队、省级优秀团队荣誉称号;2017年参与"微力量"社区帮扶实践队,获校级优秀团队荣誉称号;同年深入安庆市社区开展实地调研,"三下乡"调研报告获得校级一等奖……各类实践和志愿活动,让刘茹更加懂得服务他人、快乐自己的意义。

刘茹回忆,参加各类实践和志愿活动期间,有很多难忘的瞬间。"印象深刻的是一次'一对一'支教活动。那天下着大雨,我到那位小朋友家时,裤子全都湿了。小朋友找来奶奶的裤子要我换上,之后还要他的奶奶将裤子送给我。"刘茹说,自己当时很感动，觉得一切都值得。

"欲戴王冠，必承其重"是刘茹的座右铭。大学期间，她用努力和拼搏为自己的青春交上了一份完美答卷。"机会是留给有准备的人的，努力耕耘的同时不断发现自己的突破点，是生活的乐趣与挑战所在。生命不息，步履不停。"刘茹表示，自己将会一直用一颗坚定不服输的心去激励、鞭策自己，去迎接属于她的那份美好。

（学生记者　孙迎翔）

钱灿:校园里的实践达人

2017年度国家奖学金获得者钱灿

在2014~2017三年的综合测评中,安庆师范大学应用心理学专业2014级(1)班的钱灿连续三年获得校级一等奖学金,并获得"优秀学生干部标兵"称号。除了专业知识的学习,钱灿尤其重视课外知识和技能的学习。她热爱阅读,希望通过阅读让自己成为一个"有趣"的人。

课上互动与课下放松相结合

当谈及学习方法和技巧时,钱灿说:"学习没有捷径,脚踏实地才是最重要的,但是课上与老师互动不失为提高学习效率的好办法。"大学三年来每节课她都会坐在教室第二排的一个固定位置,前排利于保证听课效率。久而久之,在同学们和老师的印象中,钱灿的位置已经固定,就算她来迟一些,那个位置依然空着,是同学专门为她留着的。

"我应该是课堂上最活跃的学生,上课紧跟老师思路,积极回答老师提出的问题。"钱灿说,保持课堂活跃是非常有必要的,一方面可以让自己不走神,专心听课,认真思考,另一方面,也会调动老师上课的积极性,提高教学质量。

当然,钱灿不是一个"死读书"的学生,她不认为把所有时间或者是大部分时间放在学习上才能学好。在她看来,课下适当的放松对学习质量很有促进作用。学霸钱灿也"追星",歌手李健是她的偶像,她在学习之余会听李健的歌来放松自己,"李健的歌空灵清澈,安静悠远,歌词带着对人生、社会和国家的思考,对我们很有启发意义。"

她是校园里的实践达人

2014~2016年,钱灿担任学院志愿者服务队领队,前往安庆市残疾人康复中心开展志愿活动;大一学年她作为学院星星语志愿者,前往安庆"起点"自闭症儿童康复中心做志愿服务。"在与任教老师的交谈中,我感受到自闭症康复工作的艰辛,也感受到社会关怀对孩子的重要性。"钱灿作为心理学专业的学生,一直在反思如何能够将志愿服务做得更好。

除了社会实践,钱灿也为学校和班级事务贡献自己的力量,大一、大二担任班团支部组织委员,大三担任团支部心理素质委员,大三上学期担任安庆师范大学敬敷女生工作坊新生适应专题素质拓展员,多次开展素质拓展工作。

另外,钱灿利用课余时间自学急救知识与技能,现在持有合肥市急救中心四项急救基本技术和心肺复苏等现场初级急救技能培训考核合格证明,并在新生宣传和日常学习中对此进行了积极推广。"学习是相通的,我在不同的领域看到了相似之处,同时也感受到学习带来的满足感,这就是我追求的学习境界。"

想成为一个有趣的人

钱灿是一个善于观察生活的人,平时在校园里闲逛的时候,会观察路边的植物,随手拍下来,然后查找植物的相关知识,并记录下来,为此,钱灿专门设立了一个空间相册,用来上传各种植物的图片,并配上相关文字资料,在自己学习的同时也分享给大家。"观察植物然后了解这类植物,是一件很有趣的事,不仅可以获取知识,也能放松自己,保持心情愉悦。"钱灿说。

《海错图笔记》这本书让钱灿翻来覆去读了好多遍,书中对每一种生物的介绍都很详细生动,语言诙谐幽默,满足了钱灿对生物知识的渴求。"这些知识看起来似乎没什么用,但无用的知识往往是美好的知识,它没有别的好处,就是能让你高兴。"钱灿说自己从不觉得阅读课本以外的书籍是浪费时间,它们能够提升自己的素养。

"我的目标是做一个有趣的人,有趣其实很难做到,因为它要求你要有知识涵养,情商在线,懂生活。"钱灿现在正朝着自己的目标前进,她希望通过阅读来提升自己。

(学生记者 汪 艳)

余杭：平凡也是一种不平凡

2017 年度国家奖学金获得者余杭

在别人逛街追剧的时间里，她泡在图书馆里，像饥饿的人扑在面包上；在别人上课偷偷刷手机的时候，她默默记下了书上一个又一个重点；在别的同学聚餐、参加社团活动时，她却跑前跑后地安排宣传、组织活动……最终她的付出也得到了回报，大学期间她获得了一次国家奖学金、一次国家励志奖学金、两次校一等奖学金、优秀学生干部标兵、三好学生标兵……资源环境学院地理科学专业 2015 级的余杭认为她的大学生活很平凡，但是能过好平凡的生活也是一种不平凡。

兴趣是一块好的敲门砖

"我觉得学习应该是件非常自觉的事。"对于学习，余杭这样说，"其实学习不是压力，而是一种享受。"余杭认为兴趣是最好的老师，自己主动想去做什么比别人逼你去做有用得多。

高中时期的余杭就非常爱学习。"我是独生子女,家里对我期望很大,一开始是觉得不能学不好让父母失望,后来自己学进去了,在知识的世界里像是发现了新大陆。"数学对于很多女生来说都是一门让人头疼的学科,余杭也不例外。为了突破数学,学好专业知识,她经常泡在图书馆里,周末有时间也是直接去教室自习。"当你把学习当做一个爱好,你会收获更多。"

逛淘宝不看衣服不买零食,喜欢买书买资料,这样与众不同的余杭收获了一帮志同道合的书友。"我们会经常买一些名著或者其他有趣的读本,大家看完后还可以交换,再一起交流感想。"丰富的课外知识加上牢固掌握的课本知识让余杭的期末成绩非常优异,她连续两年拿下班级第一名。"其实我并没有多用功,只是想要做好我喜欢的事。"

实践让大学更精彩

大学总归千姿百态才够精彩,除了学习,适当的实践也是必不可少的。在课余时间余杭参加了大学生"互联网＋"比赛、全国大学生英语竞赛以及学院办的各种书画比赛等,希望在竞赛中认识更多优秀的朋友。作为院学生会宣传部的一员,她履行好本职工作,把学院活动宣传工作做好;作为班级干部,她积极配合辅导员工作,让班级更有凝聚力;作为协会理事,她尽职尽责地带好学弟学妹,希望协会发展壮大……余杭表示,大学里走的每一步、加入的任何一个组织都让自己受益匪浅。

"其中让我印象最深刻的还是参加的志愿者活动吧。"余杭说,自己利用课余时间还曾去过大学周边的小学给留守儿童辅导功课,"因为我学的是师范专业,辅导他们不仅可以锻炼自己的授课能力,更多的是可以增强自己作为一名老师的责任感"。

一路前行,不忘初心

出生在普通农村家庭的余杭,从小就特别懂事。"我妈妈身体不太好,遇到事情总是想得很消极,我就是她的太阳、她的希望,我要发光发亮才能温暖她。"虽然家境并不富裕,但是余杭生活得依旧幸福,"父母给予我的不仅仅是物质生活,更多地是怎么去生活、怎样做人,不忘初心方得始终。"

在校期间余杭经常利用周末时间当家教、做兼职,补贴生活费,暑假在家她也不闲着。"去年暑假我在家乡的公安局帮忙整理档案,不仅可以赚一些零花钱,还能学习怎么跟别人打交道,学会一些为人处世的技巧。"没有独生子女的娇气,余杭更愿意做一个优秀又独立的人。

　　已经大三的余杭闲暇时间还是喜欢看书、扩展知识,她说未来想要去支教一学期,更好地锻炼自己的教学能力,同时也给孩子们送去知识。"因为我就是普通人家的孩子,所以更能理解并且想帮助跟我一样平凡的人,但其实只要努力做好自己该做的事,我们都不平凡。"

(学生记者　李海云)

芮媛媛：用实践创造自己的未来

校级一等奖学金获得者芮媛媛

芮媛媛，安庆师范大学化学化工学院2015级化学(1)班的学生，她学习勤奋努力，认真刻苦，在2015～2017学年间，连续两年获得校一等奖学金，文体竞赛单项奖，荣获"三好学生标兵"荣誉称号，待人诚恳，与老师同学友好相处，团结互助。

培养积极思想，提高政治觉悟

2016年入学，就自愿向学校党支部组织部提交入党申请书，殷切的希望成为党组织的一份子。通过自己的不懈努力，芮媛媛参加了学校组织的党课培训课，并顺利结业，成为一名光荣的入党积极分子。在学习期间，认真学习了中国共产党章程，严格遵守党纪党规，以一名正式党员的标准严格要求自己，及时找到自己的不足并加以改正，在日常生活中，努力发挥好带头作用，遵守学院的规章制度，从身边的点滴做起，积极学习党的最新理论知识，提高自己的政治觉悟，服务学院和同学。

挥洒辛勤汗水,强化知识结构

芮媛媛始终坚信着"一分耕耘,一分收获"的真谛,学生的主要任务是学习,进入大学以来,她学习目标明确,学习态度端正,勤奋好学,坚持每天认真上课专心听讲,课下及时复习巩固,经常向老师或同学请教不懂的问题,认真履行自己的义务与责任。此外,她非常注意学习方法与效率,尤其是在大学的课程里,学会融会贯通而不是死记硬背,坚持找到适合自己的学习方法,才能达到事半功倍的效果。课下她会利用课余时间和手机网络拓宽自己的知识面,涉猎更广泛的知识领域,用丰富的知识来武装自己的大脑。

学习期间,她还注重劳逸结合的学习方式。在繁忙的学业中,她积极锻炼身体,平时喜欢打打羽毛球和乒乓球,跑跑步,放松自己的身体的同时,又释放了部分学习压力,她一向秉着不能死读书的原则,在这种学习方式中,芮媛媛收获了优异的成绩,在大二学期以 677 分通过大学英语四级考试,大二下学期以 608 分一次性通过大学英语六级考试,她还连续两年参加了全国大学生英语竞赛,分别获得了一等奖和二等奖的成绩,丰富了自己的知识,也获得了很多快乐。

参加社团活动,服务学院同学

学习之余,芮媛媛还加入了校学生会,进行了为期一年的学生工作,在工作中,她认真负责,努力完成部长交给她的每一项任务,一丝不苟地完成每一个细节。此外,她还参与了校学生会组织的迎新晚会,协调各个部门工作,团结合作,提高了自己的团队协作能力。同时,在办公室的一年,她学习了摄影与写作,提升了自己的综合能力。平时在班集体中,她会热情地协助班干完成一些力所能及的事务,乐于助人,帮助同学们解决一些学习和生活上的问题,与同学们建立了良好的友谊。

积极拓展自身,勇于社会实践

在两年的大学生活中,芮媛媛明白学习不是生活的全部,还需要在实践中锻炼自己,提高自己的综合素质。在大一学年,她积极参加了学校开展的各项活动,如"厨艺 PK 大赛",利用自己的才能展现了与众不同的大学生的面貌;还有"双室设计大赛",充分发挥自己的创新思维想象能力与动手操作的本领,取得了一定的成绩。

此外，她还参加了校学生会实践部下的志愿服务团队，成为"四叶草"爱心服务团队的一员，陪伴"至爱家园"的残疾儿童们一起上课，为他们送去快乐和爱心，丰富自己的社会经历。

在大二暑期，芮媛媛参加了关于老年服务产业主题的"三下乡"调研实践活动，走访了合肥和安庆不同阶层的老年人，了解他们的生活现状，深入老年人的内心世界，给他们带来温暖的同时，也为芮媛媛带来了宝贵的回忆。尤其是在与管理和工作人员的交流过程中，她更是学会了为人处世的原则和技巧，收获了珍贵的人生财富。这些实践活动充实了她的大学生活，拓宽了她的视野，使她受益匪浅。

豁达开朗，自强不息

在生活中，芮媛媛认为与人相处，"豁达"很重要，遇事多一份豁达，可以使人彼此认同和理解，与同学相处，就应该在和睦相处的同时，多一分宽容，多一分理解，多一份关怀。她真诚地对待班级的每一位同学，与他们相处融洽，收获了友谊。

芮媛媛出生在农村，生活的艰辛赋予她吃苦耐劳、自立自强的优秀品质，她从来没有抱怨过自己的家庭条件。

"我始终感谢父母，是他们给予我生命，教会我做人的道理。我坚信，命运是掌握在自己的手里，未来要靠自己去开拓、去争取。"

芮媛媛一直坚信"业精于勤荒于嬉，行成于思毁于随"的人生信念，不断地更新和充实自己。

戴小云：心怀感恩，不断努力

校级一等奖学金获得者戴小云

戴小云，就读于安庆师范大学经济与管理学院2015级国际经济与贸易（1）班。她品学兼优，曾获学校一等奖学金，"优秀三好学生标兵""优秀共青团员"以及安庆师范大学学生会"优秀干事"荣誉称号。连续在2015、2016年度获得综合测评班级第一，先后获新东方在线杯四级模考一等奖，新东方在线杯六级模考三等奖，创意楹联比赛三等奖，家书征文比赛二等奖以及书法比赛三等奖。

入校以来，她严格遵守学院各项规章制度，做好模范带头作用，在思想、学习、公益及创新创业等方面取得较大的进展。

思想先进，积极进取

在思想上，戴小云同学积极向党组织靠拢，认真学习马列主义、毛泽东思想、邓小平理论和"三个代表"重要思想，并参加学校第54期党课的学习，现正成为党组织的考察对象。自入校起戴小云就向党组织递交了入党申请书,时刻以一名党员的标准来严格要求自己,定期进行自我反省,及时找到自身的不足并加以改正,以提高自身素质和道德修养,服务同学,服务社会。

认真学习,努力向上

在学习上,戴小云能始终铭记,作为学生,首要任务是学习专业课知识。她脚踏实地,刻苦学习专业知识,认真上好每一节课。2016～2017学年综合测评专业第一,智育成绩专业第一就是对她最大的肯定。在英语口语学习上,通过不断地参加课外实践活动,大大提高了她的自信心。如暑期严格要求自己,走到外贸一线担任口译,充分地将课本所学知识付诸实践中去。

热心公益,乐于助人

大一学年,怀揣着一颗乐于助人的心,戴小云同学加入了校学生会实践部,成为大学生爱心超市采购组的一名成员,切身体会超市经营流程,并多次组织、参与了校园爱心义卖活动,并将所得善款全部捐向学校周边敬老院及需要帮助的人。

在校期间,她参与了多项志愿者服务活动。在大学生"善行100"中,她用自己的公益心感化他人,筹得捐款;在第三届"为爱接力,'星'不孤独"蓝色环城马拉松公益活动中,她把自己的汗水化成小爱,为自闭症儿童送去温暖;同时她还在安庆市梨花节活动中担任志愿者,积极推崇传统文化的魅力,并获得"优秀志愿者"称号。

这些实践活动不仅充实了她的大学生活,锻炼了她的能力,拓宽了她的视野,更让她感受到自己身上应负的责任,让她在今后的生活中更添了一份使命感。

初涉职场,面向未来

大学生活丰富多彩,戴小云始终以饱满的热情迎接校园中每一次挑战,但她也明白,最终自己会带着所学知识走向社会。暑假期间,她自主参加电子商务、英语口译培训,并走进外贸市场,抓住每一个锻炼自己的职场体验,现已熟练掌握实际外贸交易流程并熟悉不同种类的面料及报价。

时光荏苒,大学生活匆匆过半,两年的大学教育使她成熟。接下来的两年时间里，她亦将不断努力，怀揣着一颗感恩的心，感谢老师的悉心栽培与厚爱，感谢同学在学习和工作上的支持，继续勇敢走下去，做到不忘初心，方得始终。

在未来面前，每一个年轻人都有一个梦想。"长风破浪会有时，直挂云帆济沧海"，相信在那个不远的未来，戴小云同学定会不负众望，满载而归！

王禹：自律给我自由

2017年度国家奖学金获得者王禹

美国、日本、越南、泰国……这个20岁的小姑娘足迹已经遍布多个国家和地区，性格勇敢、率性，这个"背包客"是安庆师范大学翻译学专业2015级的王禹，是一名国家奖学金获得者。将一等奖学金、优秀学生干部、优秀共青团员等奖项收入囊中，同时在厨艺、歌唱、体育等各类比赛中表现亮眼，处理学习和比赛时游刃有余，这个"95后"小姑娘因为自觉自律，也拥有了更多的自由。

班长、学霸都是她

综合测评班级排名第一，获得校级一等奖学金，高分通过大学英语四、六级考试和BEC考试。王禹在大家眼里是一个名副其实的学霸。可是这个学霸却不是埋头苦学的"书呆子"，而是一个不折不扣的"热心肠"。

连续三年担任班长一职，在平时生活里总是主动帮助大家处理生活和学习上遇到的难题,督促班级学风建设。王禹所在的班级也在她担任班长期间获得了学校优秀团支部、红旗团支部等荣誉称号。

此外,王禹还担任了辅导员助理一职,积极辅助辅导员管理班级日常事务以及学院相关事务。因为在日常学习工作中表现突出,王禹不仅得到同学们的赞扬,还获得学院老师的欣赏。

越自律越自由

"那些比你优秀的人,比你想象的要努力得多。"这是王禹时常挂在嘴边的一句话。她每天都会给自己一个时间表,需要完成的任务必须当天完成,尽量不去拖延。"每天要做哪些事情,哪些是最重要而且必须要先做好的,我都要求自己做到心中有数。"王禹说。

兼顾繁重的学习和繁琐的班级事务并不是一件简单的事情,很多学生干部都会因为时间冲突叫苦不迭,王禹却在学习、工作之余坚持着自己的爱好。悉心钻研厨艺获得了学院厨艺大赛的一等奖,参加歌唱比赛收获二等奖,和队友们打排球取得第二名……王禹的表现同样不俗。

"空余时间我会看书充实自己,虽然事情较多,但是我还是坚持保持规律的作息,根据计划按部就班,还是会有一些空余的时间留出,由自己自由支配。"王禹说。

周兴全：永远年轻，永远热泪盈眶

2018 年度国家奖学金获得者周兴全

不迟到不早退、上课时坐在第一排、体测跑步争取第一，法学专业 2015 级（1）班的周兴全在大学四年里始终这样要求自己，对自己的高要求成为了他在 2015～2018 学年中连续三次获得校级一等奖学金，同时获得安徽省"学宪法讲宪法"演讲比赛省级二等奖等荣誉，最终获得国家奖学金的垫脚石。

每场考试都是最后交卷

"刚刚进大学的时候不是很适应大学的学习节奏，自己也没有学习上的伙伴，一度很孤独和自闭，自己也不知道天天努力是为了什么。"周兴全说，后来慢慢转变了想法，觉得自己不能浪费时间，有什么梦想就应该好好去实现。

说起学习方法，周兴全直言要做到日积月累。"平时上课一定不能逃课，专业课的知识专业性质都较强，一旦课堂跟不上，慢慢地就会成大问题。要想取得好成绩，一定要比别人付出更多的汗水。"他表示，自己在考试前会提前备考，一直到考试结束都尽量保持好的状态。

"每次期末考试，早上6点半去教室，晚上10点回宿舍，洗漱好继续看书到凌晨2点多。每场考试我都是最后交卷的，不是因为不会写，是想再多写一点。"周兴全说，考试时心态要好，认真对待，自己把能做的都做好，其他的就交给天意。

学着把自己变"大"

在专业学习之余，周兴全注重实践锻炼和自身素质的提升，他希望通过参与和组织各种各样的活动丰富自己的阅历，增长见识。"在参与的活动中，让我收获最多的是义务家教活动。一年以来，自己和同学一起在周末课余时间义务辅导大龙山镇周边小学的孩子，风雨无阻，从不间断。"周兴全说，感觉自己也算做了一点事儿，就像从孩子身上看到了自己以前的模样，孩子们带他们的梦想一起成长，感觉生活也有了动力，充满正能量。

同时，周兴全也组织过不少活动。"组织学院宪法演讲比赛是让我印象最深刻的，因为我有过参加安徽省'学宪法讲宪法'演讲比赛的经历，所以我可以帮助选手进行赛前准备，我那时候几乎天天都是在改稿子中度过。"他回忆，那次大概有16个人参加，他一周内帮他们大多数人都改了三稿，看到他们进步的同时，自己的文字水平也进一步地提高，还是挺开心的。

"大学就是学着把自己变'大'，精神变大，视野变大，气魄变大，胸怀变大，我平时积极参加活动，喜欢打篮球和跑步，也喜欢阅读，这些有助于心智的成长和身体素质的增强。"周兴全表示。

大学生活是彩色的

"在大学里，最大的收益是自己没有过于浪费时间，虽然不是时时刻刻都能做对的事情，但是自己总是能够认识到做什么事情是有意义的，是值得去做的。"周兴全表示，在学的时候自己就好好学，在工作的时候就打起十二分精神，在休息的时候会把手机调成静音，就算有天大的急事他也能够从容面对，最省时间的办法和最能协调的办法，其实就是把每一件事情都做好。

回顾四年的大学生活，周兴全说自己的大学生活是彩色的。"我的大学生活是彩色的，红色是对未来如火的热情；蓝色是对理想与追求的向往；绿色是对于精神健康和身体健康的关注；紫色是内心品质以及拥有韧性灵魂的追求；橙色是对生活的热切期盼。"他说,毕业将至,他的这幅画已经落笔,即将迈入社会,又要展开另一张白纸了,他希望自己现在的青春用来奋斗,将来的青春能够值得他去回忆。

"即将毕业,希望自己仍然能够摆正心态,保持端正的学风,树立终身学习目标,努力从事与本专业相关的职业,在实践中做到学以致用,无论自己身处何地,都希望能把'敬敷'精神带到自己所在的地方,所做的事中。"周兴全表示,他希望始终如孩童般活在这个世上,充满好奇心、善良与热爱。在看清所有之后仍然努力生活着,去追求自己心中所想和所爱,永远年轻,永远热泪盈眶。

(学生记者 邱焱平)

陈韵如：在实践中寻求平衡

2018年度国家奖学金获得者陈韵如

大一学年综合测评专业第一，获得校一等奖学金和"优秀学生标兵"称号；大二学年综合测评专业第一，获得校一等奖学金和"三好学生标兵"称号。大一通过了国家计算机二级考试和普通话专业考试，大二一次性通过了大学英语四、六级考试。不仅能处理好学习和实践的关系，还能抽出时间发展兴趣爱好，广播电视学专业2016级的陈韵如始终清楚自己想要做什么。

学习一定要有效率

在专业学习上，陈韵如有自己的一套方法，她认为，最主要的还是要在课堂上认真听课，提高听课效率。"留给我们自主学习的时间并不多，要把握好课堂的时间。"陈韵如表示，在课余时间，图书馆是一个学习的好去处。

在陈韵如看来，新闻传播专业的学生平时除了多做实践之外，还需要多看书。

"我们不能只看本专业的书,还要去涉猎各个专业的,要做个'杂家'。"因此,陈韵如也会看些人文社科类和经济学方面的书。

大二一次性通过大学英语四、六级考试,并在全国大学生英语竞赛中获得安徽赛区 C 类一等奖。被学生们普遍认为难以学习的英语,在陈韵如这里并不是难事。对于英语学习,她觉得不仅要会写,还要会说。"考研的话,英语是非常重要的内容,我觉得最重要的就是词汇量,所以坚持背单词是很重要的。"此外,陈韵如认为,背单词的时候不要去做无谓的抄写或机械式的工作,要学会去运用它,把握这个词在文章中的意思。

在实践中掌握学习与工作的平衡

大学期间,陈韵如一直担任班长一职,作为班长,要管理很多班级事务,会占用个人时间,但陈韵如却不觉得这是对她的干扰。"作为班长,管理班级大大小小的事情会使我忙碌,但这也是对个人能力的锻炼,我觉得最重要的是做好平衡。"

在为班级事务忙碌时,陈韵如有时也会很欣慰。她介绍,"十佳班集体"申请阶段,要收集很多材料,为了得到这份荣誉,班级同学都会行动起来。"大家下了课就很难聚到一起,但在重要的时刻,我确实能够感受到班级的凝聚力。"陈韵如说,在大三阶段,同学们在处理自己的事情的同时,仍旧能够全部参与班级举办的团日活动。

陈韵如还曾在学生会和社团工作。大二期间,每到周末,陈韵如形容自己会"连轴转",忙着参与各种比赛和活动,双休日没有自己的休息时间。"现在回头看其实还好,而且因为这些活动和比赛,我认识了更多优秀的朋友。"

兴趣是最好的老师

深入学习摄影和 PS 技术,上网查找视频教程,再慢慢琢磨,陈韵如在人像摄影方面的能力得到了很多同学的认可,也被许多同学"约拍",陈韵如俨然成了一名摄影师。她说:"我对摄影很感兴趣,因为喜欢,所以就会主动学习,遇到了一些困难就会有针对性地搜寻答案。"

拍摄前,陈韵如并不会制订计划,而是有了想法才会去拍。"有时候比较随意,但在拍摄中会产生很多灵感。"在拍摄中,她也会倾听被拍摄对象的想法。

后期修图时,处理一张照片可能需要花费一小时,但只要做出好看的作品,陈韵如就会很开心。掌握拍照这项技能后,陈韵如也赚过一些零花钱,但现在,陈韵如推掉了很多人的邀请,专心奔赴在考研的路上。她相信,有志者,事竟成。

(学生记者 桑丽君)

志愿服务

谢雨婷：道阻且长，行则将至

2018 年度国家奖学金获得者谢雨婷

大一学年获国家励志奖学金、校级一等奖学金和"三好学生标兵"称号；大二学年获国家奖学金、校综合测评专业第一，积极参加各类竞赛，获"创青春·中国联通"安徽省创业大赛金奖、"互联网＋"创业大赛校级银奖、第十一届节能减排社会实践与科技竞赛校级二等奖。两年的时光，让资源环境学院地理科学专业 2016 级（2）班的谢雨婷从一个懵懂莽撞的新生逐渐成为了在多个方面小有所获的学姐。

学习是多维的　勤能补拙

在学习方面，谢雨婷深知自己不是最聪明的那一个，但她坚信勤能补拙，并一直尽力成为班里最勤奋的学生。"学习是一个大学生最基本的任务，我也一直将其放在首位。"无论课上、课下，谢雨婷都积极配合老师，认真做好准备并完成老师布置的任务。学习态度认真致使她有一份较强的自律意识，从未出现迟到、早退及旷课等现象。幸运总会眷顾努力的人,入学以来谢雨婷在每次的考试中都名列前茅,获得多项奖学金。

"学习是多维的,光书本上的知识远远不够,因此我也积极拓展自身的课外能力。"谢雨婷说,她深刻意识到想要成为一名老师光有丰富的知识储备是不够的,于是她积极参加校内举办的各类教师技能大赛。通过每次练习以及始终参加比赛,谢雨婷的心理素质和能力都不断得到提升。

为了给家庭减轻负担,谢雨婷常利用假期勤工俭学,并且在2018年暑假经专业课老师推荐,实习于中国水产科学研究院珠江水产研究所。在从事野外采样、数据记录与处理、实验室数据整理等工作中,她态度认真、责任心强,获得了老师们的一致好评。

认真是对自己最基本的要求

刚上大学时,谢雨婷感到有点迷茫,因为比较喜欢实践又想做些有意义的事情,谢雨婷选择加入校学生会实践部以及校"启明星"义务支教队,从事了两年的学生工作和义务支教工作。

校学生会实践部每年会多次举办爱心展销、看望学校周边贫困户以及为敬老院老人送温暖等活动。在组织参与每项活动时,谢雨婷始终保持热情负责的态度,为学生和帮扶对象服务。"每次看到老人和孩子们开心的笑容,我都觉得我在做一件正确并且正义的事,也有了坚持下去的动力。"由于实践态度和能力突出,谢雨婷先后两次获校学生会"优秀干事"称号。

作为一名支教老师,谢雨婷每次上课前都会精心准备教案和教具,力求给学生们带来生动有趣的课堂经历。"对工作认真、对孩子们耐心是我对自己最基本的要求,这也指引着我不断学习和进步,不断完善自己。"最终谢雨婷连续两年获得"优秀支教老师"称号。"我知道,这对我不仅是肯定,更是一种鞭策和鼓励,认真对待一件事总不会错的。"

比赛过程就是成长的过程

"对于竞赛,最初自己也是排斥的,刚入学时常常对自身能力感到怀疑,然而迈出了第一步,后面的步子就会越来越稳。"从学校征文比赛出发,谢雨婷开始积极参加各类竞赛。在长达半年的"创青春·中国联通"安徽省创业大赛中,从最初计划书的书写、修改到最后的定稿、答辩,谢雨婷一趟趟去老师办公室咨询意见,一遍遍修改本以为完美的计划书,一次次奋战到半夜。"这是一个比赛的过程,更是一个成长的过程。我得到的不仅仅是比赛的成果,还有自身品质的提升。"功夫不负有心人,谢雨婷团队的作品最终获得了安徽省金奖。

在其他比赛上,谢雨婷也丝毫不敢松懈。2017年暑期参加的"三下乡"社会实践对她而言是人生中的一次宝贵经历。"我们团队8个人在怀宁县洪铺镇开展了留守儿童支教活动,当时是7月初,天气特别热,每天花在路上的时间最少都要4个小时。"谢雨婷介绍,因为大家经济能力有限,中午就吃点自己带的零食,然后在教室的桌子上趴着休息。

从最初合作学校和孩子家长的各种不信任,到与校方多次沟通才获得进教室宣传的机会,再到最后与孩子们建立感情、依依不舍。谢雨婷收获的不仅是一份工作经验,更是给孩子们带去知识和快乐的满足感。"看到学生们在这个过程中能有所收获,最后舍不得我们的离开,我觉得我们所有的努力都是值得的。"

即将结束大三生活的谢雨婷,目前正在全力准备考研。谈起大学经历的种种,她说,感谢生命中所有的相遇。"我知道,成功只属于过去,在未来的日子里,我定会不骄不馁,一步一个脚印地走好接下来的人生路。"

(学生记者　胡雅丽)

胡佳佳：欲速则不达

2018年度国家奖学金获得者胡佳佳

她学习优异，连续三年获校一等奖学金；她注重实践，2017年"创新创业"全国管理决策模拟大赛中，获得全国半决赛二等奖；她热心志愿服务，2015年12月参加中国扶贫基金会"善行100"大型公益活动，获得三星级志愿者称号，2017年春运期间参加春运志愿活动，获得省级最美志愿者称号……她是国际经济与贸易（中外合作）专业2015级的胡佳佳，她相信，无论学习，还是生活"欲速则不达"，一步一个脚印才走得更加踏实。

坚持下去，不断突破

被问及取得突出学习成绩的最大因素时，胡佳佳毫不犹豫地说是——坚持。"每个人在学习过程中都会遇到各种各样的问题，比如惰性、瓶颈期、情绪失控等，但只要再撑一会儿，一切都会不一样了。"胡佳佳表示，坚持是突破自己认知中极限水平的唯一方法,往往只要坚持下去,结果都不会令人失望。在一次次的坚持中,胡佳佳不断突破,提升了自我。

在学习过程中,胡佳佳总结出了一些学习的小技巧。"晚上7点半到9点半这段时间很宝贵,是脑力上的峰值,如果没有其他重要的事情,建议用来学习。复习也好,看书也好,做作业也好……总之,不要荒废这2个小时。"胡佳佳说。

很多情况下,当人们做事情不是很顺利时,就会有些怨天尤人。在胡佳佳看来,这种情况的出现,是因为没有做好时间管理。胡佳佳会把需要做的事情划分为3类:重要且紧急——马上去做;重要但不紧急——规划着去做;不重要或不紧急——抽空做。然后依据这3个层次,有秩序地完成所有事宜,手忙脚乱的情况就能够有效避免。

帮助他人,提升自己

胡佳佳大学4年中,除去学习以外的时间,很大部分是在做志愿者的工作中度过的。志愿服务看似在帮助着他人,对于胡佳佳来说,也是在不断提升着自己。

"志愿活动往往会接触社会中各式各样的人,有能理解我们的,也有蛮不讲理的;有博爱的,也有自私的……久而久之,我学会了努力与他人沟通,了解情况后设身处地的去思考问题。"胡佳佳表示,志愿者的时光带给她最多的是共情能力的提升,她开始换位思考,站在他人的角度理解和思考问题。

志愿服务并非都是一帆风顺的。胡佳佳第一次走出校园去募捐,就被人指着鼻子骂是骗子,委屈得直哭。挫折并不会让她放弃,她回去后认真反思自身问题,改变沟通方式。"在志愿活动中,或许会受到一些莫名的委屈,也会收到一些人的感谢,当你看到真的有人因你的行为得到帮助时,便会觉得一切都值得。"胡佳佳说。

学会生活,学会待人

胡佳佳空闲时喜欢与音乐相伴,会弹弹吉他唱唱歌,在她看来,风格各异的音乐能给人带来不一样的感受,励志的、激情的、舒缓的……不同的音乐类型适配着不同的心情。好的音乐会使人身临其境,心情都随之变得豁然开朗。

大学4年,除去学习与工作,胡佳佳最大的成长是在做人方面。她一方面探寻着人生的意义;一方面学习着待人接物。通过越来越多的人接触,她不断发现自己与他人身上的共性与特性,然后去取长补短,完善自己。

谈起对于未来人生的规划,胡佳佳的答案是——保持学习热情,继续读书。或许正是这种不断坚持的决心与勇气,让胡佳佳走到了现在,并且会走得更高更远!

(学生记者　庞彦堃)

夏曦：效率比一味努力更加重要

校级一等奖学金获得者夏曦

夏曦，就读于安庆师范大学经济与管理学院2015级财务管理专业（4）班，入党积极分子。任班级团支书，汇爱志愿服务队组长，2016年度校级优秀团干和汇爱优秀志愿者；连续两年综合素质排名和智育素质排名班级第一名，获"专业一等奖学金"，并被授予"优秀学生干部标兵"荣誉称号；一次性通过大学英语四、六级考试，国家计算机二级考试等。

思想篇：党是她前进的动力

夏曦的父母都是党员，在父母的熏陶下，她从小就树立了对共产主义的信仰。刚进入大学不久，便向党组织递交了入党申请书，并以一名共产党员的标准严格要求自己，积极向党组织靠拢。在学校老师的指导下，她认真学习了马克思列宁主义、毛泽东思想、邓小平理论、"三个代表"重要思想和科学发展观，并定期向党组织做思想汇报。随后,在入党积极分子培训班学习期间,她进一步系统、深入地学习了党的各项基本知识,对党有了更加深刻的了解和认识,并顺利通过了结业考试。

在之后的学习生活中,她保持着较高的思想觉悟,严格要求自己,树立了良好的人生观和道德观;同时与时俱进,坚持四项基本原则,正确贯彻党的各项方针政策,认真履行党员的各项义务。

学习篇:学习是她前进的航标

进入大学后,夏曦迅速从高考后松懈的状态调整过来,每天保持着固定的学习时间。在担任团支书一职后,为了不让工作影响学习,她充分利用课余时间进行学习,并取得了优异的成绩。在2015~2016学年度综合测评中,综合素质排名和智育排名都位于班级第一名,并获得2015~2016学年校级"专业一等奖学金"和校级"学习标兵"单项奖。同时,在第一学年高分通过大学英语四级考试和国家计算机二级考试。

大二担任汇爱志愿者服务队组长一职后,夏曦工作时间变得更多。但是她明白"苟有恒,何必三更眠五更起;最无益,莫过一日曝十日寒"。效率比一味努力更加重要,所以她努力平衡好自己的工作与学习时间,坚持着科学和规律的学习习惯。在2016~2017学年度综合测评中,她综合素质排名和智育排名再次位于班级第一名,获得了2016~2017学年校级一等奖学金,并顺利通过了大学英语六级考试。

工作篇:工作是她前进的催化剂

夏曦想在大学努力提高自己的综合素质能力,于是竞选了班级团支书。在成为班级团支书之后,她积极和其他班干合作,完善团支部制度和搭建班级新媒体平台,认真为班级同学服务。作为团支书她策划举办了不少团学活动,增强了团支部的凝聚能力也提升了班级团员的素质,这些活动收到了不少的肯定,如"青年说"团日活动在院里获得特色团日活动一等奖,"所有人问所有人"在校级评比中获得十佳团日活动。并带领班级团支部获得了2016年度校级"红旗团支部",院级"十佳团支部"。她自己也很荣幸地获得了校级"优秀共青团干",院级"魅力团支书"等称号。

夏曦一直觉得公益服务应该是她们大学生活不可或缺的一部分,所以大一她就加入了学校的汇爱志愿者服务队,致力于帮助脑瘫儿童。并于2016年6月竞选成为汇爱志愿者服务队组长,带着组员陪伴她们的服务对象更好地成长。在这个过程中她有过付出和坚持,也收获了感动和力量。作为当代青年大学生,要不忘初心,不负韶华。

生活篇:生活是她前进的指明灯

在生活中,夏曦关心同学,经常与他人沟通交流,与室友互帮互助,和谐相处。当同学出现身体不适时,她会主动问候,并将上课笔记借给同学。

与此同时,她还积极参加各项文体比赛,并取得了一定的荣誉。如在学院第七届英文话剧节中获团队三等奖,在大学生英语爱好者协会举办的演讲比赛中获优秀奖,在院级"学宪法讲宪法"演讲比赛中获得二等奖等。

为了提高自己的实践能力,她也参加了相关的实践活动,如学校第九期青马班的培训,班级的"三下乡"团队等。

在过去的两个学年中,夏曦的学习成绩和综合素质得到了很大的提高,这源于自己足够踏实、足够努力,也得益于老师们的指导和同学们的支持。但"理无专在,而学无止境也"。大学是人生宝贵的提升时间,她不相信什么懒洋洋的自由,她向往的自由是通过勤奋和努力实现的更广阔的人生。在以后的日子里夏曦会更加珍惜当下,用更严格的标准来要求和激励自己,为心中的诗和远方砥砺前行。做个自由又自律的人,靠势必实现的决心认真地度过大学时光。

黄耀：行而后知，从实践中感受价值

2018年度国家奖学金获得者黄耀

黄耀，就读于教师教育学院2016级小学教育(2)班。自进校以来，他深知学习是主要任务，但也利用课余时间积极参加学校各项比赛及志愿服务活动，享受着学海之旅，也感受了志愿服务和实践之乐。同时他在班上、学生组织担任相关职务，尽自己所能为老师和同学们服务。在校期间，他一直严格要求自己，在思想、学习、工作、志愿服务等方面，努力使自己不断进步，不断提升和完善自己，做到全面发展。

思想方面：坚定不动摇，积极向党组织靠拢

自进校黄耀就向党组织递交了入党申请书，积极向党组织靠拢，参加了学校第55期入党积极分子培训和学院青马班的培训，并顺利结业，于2018年5月成为一名中国共产党预备党员；他还以学生党员的身份，于2018年8月在全国青少年井

冈山革命传统教育基地参加了"2018年'不忘初心　牢记使命'全国大学生主题教育实践活动(第六期)"培训,顺利取得结业证书。

在党组织的培养教育下,他更加严格要求自己,加强政治理论学习,对工作积极主动,认真负责,时刻以正确先进的思想和理念来武装自己的大脑,谨记党的宗旨,全心全意为同学服务!在学习生活和工作中,他时刻以一名优秀党员的标准严格要求自己,得到了同学及老师的一致认可。

学习方面:理论联系实践,努力与方法并举

"鸟欲高飞先振翅,人求上进先读书"。黄耀始终牢记学习才是学生的第一要务!进校两年里,他一直刻苦努力,连续两年班级综合测评排名第一,且在大二学年,智育成绩和专业成绩均为专业第一。连续两年获得校级一等奖学金和"优秀学生干部标兵"荣誉称号,另获得国家奖学金、国家励志奖学金,以及学习标兵、创作发明、创新创业、文体竞赛、宣传标兵、志愿服务共计11次单项奖学金。

作为一名师范生,他深知学习的理论知识付诸实践的重要性,所以积极参加专业各类比赛,在2018年中国大学生计算机设计大赛微课辅助类安徽省级赛中获得一项二等奖和两项三等奖,安徽省第二届校园读书创作中获得优秀奖,2018校"安徽省廉政作品"征集中获一等奖,2017校经典诵读活动一等奖,在校2017年师范生技能竞赛语文组中获得三等奖,在参与各项比赛的同时,他也在检验自己的学习成果,不断进步。

工作方面:三年坚守服务,挥洒青春汗水

自进校来,在班级担任团支书,工作中他认真勤恳,做好本职工作,虚心向他人学习,全心全意为同学服务,为班级贡献出自己力所能及的一切。带领班级获得了校"十佳班集体""红旗团支部""优秀团支部"和"先进班集体"荣誉称号。这些集体荣誉是他们2016级小学教育(2)班团支部全体成员共同努力的成果,团支书的工作经历也让他明白了以身作则的重要意义。

在两年的团支书工作中,他组织了校园文化讲座,安心捐赠,大学英语四、六级考试经验分享会等活动。在活动中带领支部成员进行思想建设,由于工作突出,他本人获得校级"优秀共青团干"荣誉称号。

志愿服务方面：行而后知，从做中感受价值

2016年10月~2017年10月，黄耀担任安庆市七彩阳光志愿服务队队员，在芭茅巷社区支教服务一年，参与开展多期免费家校活动；2017年9月，入选"2017年中国希望工程之平安希望小学支教行动"，获国家级希望工程志愿者证书；2018年3月，为激励和帮助学弟学妹专业学习和成长，他本人策划组织的活动《心的传递：给学弟学妹的一封信》，被中国青年报官微、中青在线、新安晚报、皖江晚报、梨视频等媒体报道；2018年5月，因志愿服务突出，荣获安庆市宜秀区芭茅巷社区"十佳青年志愿者"；2018年暑期，加入校级国家重点团队"心手相牵　阳光童行"志愿服务团，在团队中担任团支部书记和通讯员，撰写的新闻报道多篇发表并转载在外媒，如中国青年网、凤凰网、中青在线、北京时间、安徽青年网、江淮网等媒体，团队获得国家级优秀团队称号；2018年10月，为帮助本专业同学教师资格证考前复习，在考前倒计时10天，作为发起人，搭建教资小课堂，活动《5名学霸搭建教资小课堂　场面火爆部分学生没座位站着听》在校园网首页被报道。

在参与各项志愿服务的过程中，他不断感受到帮助别人来实现人生价值的喜悦。

生活方面：严于律己，提高实践能力

在生活中，他尊敬老师、团结同学，和大家相处融洽。他坚持诚实守信，热心宽容，并且严于律己。他深知自己需要锻炼实践能力，于是在校期间曾担任一名学生记者，深入校园，与老师同学进行接触。大一暑假在合肥传媒报业集团下的《合肥晚报》进行为期两个月的记者实习，锻炼自己的书面表达与交流沟通能力，在报纸上发表新闻报道40余篇。

黄耀之所以能有这样的成绩，离不开老师的教导和学校的培育，更离不开国家的帮助。在今后的思想、学习、工作和生活中，他一定会不断地鞭策自己、完善自己、提高自己，始终以乐观向上的态度朝着目标奋斗下去，以更加优异的成绩回报母校，将来会以更好的工作表现回报社会！

吴亚楠：用时代精神点亮社工人生

2019 年安徽省"挑战杯"学术作品大赛省级一等奖获得者吴亚楠

  吴亚楠，中国共产党党员，来自人文与社会学院 2016 级社会工作班，担任 2016 级社会工作班学习委员、人文与社会学院学生会副主席兼任实践部部长、安庆师范大学晨曦志愿服务队队长、学院学生公寓党支部宣传委员，曾任大学生青年社会工作者协会副会长、学生会实践部干事、人文院女篮队长。获得"校级优秀学生会干部""社团先进个人""校级迎新志愿者""院级先进个人"等荣誉称号，连续两年获得校级二等奖学金、创新创业单项奖学金及志愿服务单项奖学金。2019 年 1 月代表学校参加安庆市学生联合会，并参加安庆师范大学第一届学联会。

  吴亚楠性格外向，交际广泛，待人真诚热情，性格活泼开朗，爱好广泛，做事认真踏实，不畏辛苦，乐于奉献，具有较强的领导能力和号召力，责任心强，集体荣誉感强，甘于奉献，有时做事容易情绪化，内心不够强大，但有自己的个性和做事风格，有主见，不喜拖拉，说做就做。

学习上,勇当先锋

学习做好先锋示范作用,知识扩展人生视野。担任班级学习委员,力争平衡好学习与工作的关系,2016~2017年获得校级二等奖学金和"优秀学生干部"荣誉称号,以及志愿服务单项奖学金,2017~2018年获得校级二等奖学金和"三好学生"荣誉称号以及创新创业单项奖学金、志愿服务单项奖学金。课外阅读与专业有关书籍,如《江村经济》《乡土中国》等,也阅读了一些名著,如《活着》《平凡的世界》,再读名著,结合自己大学以来三年的感受,还是深有感触的,更能理解作者的写作心情与感受,面对困难坚强不倒,勇做自己的靠山。

思想上,坚定信念

努力在思想上做到与时代相契合,用行动践行社会主义核心价值观。她是2016级第一批入党积极分子,党课顺利结业,成为2017年第一批发展对象,2017年11月9日确定为中国共产党预备党员,目前已顺利转为一名光荣的中国共产党党员。对于思想方面,她时刻加强学习党的有关理论,提高自己的党性修养和思想觉悟,认真领会党的相关会议精神,将思想和行动统一起来,做到高度一致,用实际行动发挥党员的模范带头作用。她认为,加入中国共产党不是一句空话,而是一生的使命,肩负着奉献自己、报效祖国的使命。全心全意为人民服务是党的宗旨,是共产党员一切行动的出发点和归宿,这些话看似简单明了,但每一个字却都是一份沉甸甸的责任,做人民的好帮手,做人民的好朋友。2018年8月她参加安庆师范大学第二期党员干部培训课,前往全国青少年井冈山革命传统教育基地进行学习,参与为期6天的培训,她深深感受到革命圣地所蕴藏与沉淀的精神力量,作为一名当代大学生,把握信仰的力量,用信仰点亮人生,她将与大家共同不忘初心,继续前行。

社工人生,丰富精彩

时代精神记于心,社会实践在证明。为了更好地锻炼自己,不断提高自己的社会实践能力,2017年积极参加暑期"三下乡"社会实践活动,带领队员认真调研,收集材料,编写调研报告,为后续研究工作做好充分的准备;2017年11月,作为队长,带领组员参加安庆师范大学科技创新培育项目,经过精心准备与汇报,最终,

《社会工作介入农村贫困妇女脱贫工作的路径探究》项目获得校级一等奖；同年12月，与学长共同完成的《居家养老互助式app》获得安庆师范大学双百创新创业大赛校级一等奖；2018年5月，代表团队参加安徽省大学生"创青春"课外学术作品大赛决赛，作品《候鸟安全卫士》获得省级一等奖；7月，带队参加"互联网＋"大学生创新创业大赛获校级银奖；同年8月，代表团队参加安徽省青年志愿服务项目大赛，经过紧张地准备与老师的悉心指导，通过现场展示，作品《城市流动儿童安全志愿服务项目》最终获得省级二等奖。社会实践不仅停留在书面文字，更是在于行动证明，作为社会工作的一名学生，更加注重专业实践能力，2017年12月参加项目课外调研活动，入户调查，收集资料；2018年4月，参加雷锋月系列活动，为学校环境保护贡献自己的一份力量；同月参加"国际社工节"宣传周活动；2018年7月，参加安庆市宿松县居家养老床位动态监测评估，开展为期6天的调查活动；2018年9月，参加宿松县二次评估工作；同年12月参加安徽省第三方监测评估。在校园内，她积极参加各项校级活动均获得优异成绩，并且积极策划与专业相关的社会实践或服务活动，跨学院组建成立安庆师范大学晨曦志愿服务队，并在校外联系建立校外实践基地点，开展"三对一"社工帮扶活动，定期开展校外实践活动及志愿服务活动，努力学习，带动身边同学开展实践服务。目前，已组建一支优秀团队紧张有序备战2019年"挑战杯"全国学术大赛，争取获得优异成绩，为校争光。

在认真学好专业知识、打好专业基础的同时，她也积极参加各类校园活动并获得奖项，例如，"315"维权知识竞赛代表学院参加获得校级二等奖、参加"华图杯"职场模拟大赛获得校级三等奖、参加第56届综合运动会获得女子篮球团体第八名等，走过三年匆匆岁月，自己也在不断成长和进步。

她是一名社会工作专业的学生，社会工作教会她的是"助人自助"的理念和无私大爱的精神，社会中的每一个人都有着不同的需求，作为社会中的一份子，更作为一名当代大学生，除了学好专业知识以外，更要用自己所学的知识奉献给社会，帮助那些需要帮助的人，通过自己的力量去改变社会，用自己的力量去为社会做出贡献，实现自己的人生价值，她是一名社工学生，她为社工而骄傲。

用时代精神点亮社工人生，用思想武装头脑，用才学丰富人生，做一名实践者，做一名让自己满意的人，那些打不倒她们的，才是让她们更加强大的阶梯，不忘初心，方得始终，砥砺自我，勇敢前行。

许志鹏：助人助己，践行平凡

国家励志奖学金获得者许志鹏

他是物理与电气工程学院 2016 级机械设计制造及其自动化（1）班的许志鹏，校团委学生兼职副书记、校学生会常务副主席兼任实践部部长、2016 级机械（1）班班长，先后获"校园文化先进个人""优秀共青团员""三好学生标兵""优秀学生干部标兵"等荣誉称号。

自进入大学以来，一直致力于参与各项志愿服务活动，想要更多的奉献社会，现正负责大学生社区主任助理、"启明星"义务支教队、大学生爱心捐助管理中心和大学生爱心超市等校级志愿服务团队的日常组织管理工作。

志愿服务，奉献社会

许志鹏自 2016 年加入大学生爱心超市，至今已经近 3 年，现任大学爱心超市经理，负责爱心超市的日常运营管理工作，日常活动主要有爱心超市日常值班、售卖商品的进购、货物的整理。特色活动有定期举办各类展销活动,主要有迎新展销、把爱种在春天和冬天的春季展销和暖冬展销、给运动员和观众提供便利的运动会展销等。大学生爱心超市始终秉承着"在消费中奉献"的宗旨,把所得的利润全部用于公益性事业,为弱势群体送去温暖。他在近3年时间里组织并参加爱心义卖展销活动15次,获得公益资金近5万元。

大一学年他加入了校学生会"启明星"义务支教队,并且非常荣幸成为了大龙山镇百华村立新小学的一名体育支教老师,每周三的下午他都会来到小学进行体育支教工作。

由于工作需要许志鹏从体育支教改为"周末课堂",每周日的早上他都会骑车4千米来到百华社区居委会,为孩子们进行义务的功课辅导,即使下着雨他也会打着伞来支教,每周都是如此从未缺席过。在他的辅导下,学生的成绩也有了较明显的提升,这与他认真负责的态度是分不开的。

现在他正在负责整个支教队近150名支教老师的管理工作,运用他自己的支教经验让各位支教老师学会怎么去带着孩子学习,现在他们的支教队老师分布在大龙山镇的六所小学和八个社区进行"七彩课堂"和"周末课堂"义务支教活动,所服务的小学生多达上千人,他也在一直积极地进行支教老师课程的改革等工作,努力让他们的支教工作做得更好,能让更多山区的孩子们真正学到知识。

2018年暑期许志鹏作为"启明星"关爱留守儿童实践服务团副队长,带领校学生会骨干成员参加暑期"三下乡"义务支教,在学校评选中以第二名的成绩,获得2018年学校暑期"三下乡"社会实践活动优秀团队;同时他们的多篇支教活动稿件被人民网、中国青年网、《中国青年报》等多家主流媒体所报道,学生及家长对他们的义务支教活动也十分的支持和满意。

本次暑期三下乡义务支教活动中,他们支教的课程中有教学生们制作手工黏土、叶脉书签,在征得学生同意后他们将学生的手工作品在校内进行了义卖,最终义卖获得800多元。之后他们将全部的义卖资金赠送给了安庆市沐阳之家残障儿童康复中心。

许志鹏还负责大学生爱心捐助管理中心的管理工作,在校学生会办公基地后勤食堂三楼的爱心超市建立爱心捐助站,登记接收一切爱心捐助。整理捐助物品和捐助资金,合理保管和处理。开展各项援助和帮扶活动。每年开学对大一贫困学生发放爱心大礼包,支援启明星义务支教队支教活动中的教材、教具和学生学习用品,支援周边敬老院老人的日常生活,帮扶周边小学贫困孩子的生活和学习,重点帮扶各社区主任助理管辖的社区中贫困老人,孤寡老人,失独老人。

3年间,他组织和参加慰问社区贫苦户和孤寡老人近20次,看望贫困户达近百户,前往敬老院慰问老人和参加义务文艺汇演5次,前往至爱家园残障儿童康复中心进行志愿服务1次,向学校建档立卡的贫困新生发放爱心大礼包200余份。

践行平凡,成就不凡

安庆师范大学大学生社区主任助理是由安庆师范大学团委与安庆市宜秀区大龙山镇团委联合设置的,并由安庆师范大学学生会实践部具体管理的公益实践性岗位,以促进学校龙山校区周围村落经济社会文化发展和提升广大在校学生的社会实践能力为根本宗旨。

而许志鹏正负责40名大学生社区主任助理的管理工作,日常会前往所负责的八个社区开展工作,协助社区主任的日常工作并积极主动的开展活动,完成校学生会实践部承接的关于社区的各项活动和大龙山镇镇府委派的关于社区的各项活动,并且主动在社区开展公益类的活动(包括村部、小学、敬老院、贫困家庭)。

2017年正逢安庆市全国文明城市创建工作的关键时期,安庆师范大学学生志愿者分别参加了校内和市区的文明城市创建工作,许志鹏也作为志愿者参加校内"文明巡查",校"文明就餐月"活动。

此外,许志鹏连续两年参加第三、第四届安庆市梨花文化旅游节志愿服务工作中,并荣获"优秀青年志愿者"称号。他还作为志愿者参加大龙山镇土地改革资料整理,森林防火和清除"牛皮癣"等志愿服务工作。

在做好志愿服务工作的同时,许志鹏紧抓学习,在2016~2017学年综合测评成绩全专业第一,2017~2018学年综合测评成绩全班第一、专业第二,二次校一等奖学金和一次国家励志奖学金,并获得"三好学生标兵"和"优秀学生干部标兵"荣誉称号。

项海霞：心之所向，必当勇往直前

2016年全国管理决策模拟大赛全国总决赛一等奖获得者项海霞

项海霞，中国共产党预备党员，安徽桐城人，就读于安庆师范大学经济与管理学院2015级财务管理（1）班。现担任班级学习委员，曾担任学生社团联合会干事。

思想方面：树立良好榜样

自上大学以来，项海霞就以一名党员的标准严格要求自己，在思想上积极要求进步，树立了正确的人生观和价值观，入校后她就向党组织递交了入党申请书，经过党组织的一系列考察培养，在2017年12月成为一名正式党员。她有幸在2017年11月～2018年1月参加安徽省高校本专科学生党员网络培训班学习，并顺利结业。在与党组织靠近的过程中，她更加系统全面地学习了马克思列宁主义、毛泽东思想、邓小平理论、"三个代表"重要思想、科学发展观、习近平新时代中国特色社会主义思想，进一步认识到在新的历史时期，作为一名共产党员所应具备的条件。同时,她更加关注时政,时刻牢记要保持自身的先进性,并且在各个方面都严格要求自己,在思想和行动上为同学们树立一个良好的榜样,虚心求教,接受同学监督。

工作方面:争做合格典范

在工作上项海霞严格要求自己,为同学们带头做表率,树立起一个自立、自强、争做合格大学生的典范。大一以来,她一直担任班级的学习委员,积极配合老师、同学完成各项工作,主动帮助同学解决学习、生活中的各种问题,获得老师和同学的一致好评,连两年获得"优秀学生干部标兵"称号。她在工作期间,对待每一件事都是认真负责、扎实肯干;对待工作一丝不苟,做到公正廉明,积极发挥桥梁作用;并且一直以感恩的心去对待生活、对待学习、对待工作。

除了班级的工作之外,她还在招生就业处担任学生助理。在日常工作中,她积极协助老师处理招生、就业方面的事宜,并在工作中不断反省、纠正自己的错误,工作能力也得到了老师的肯定。大一时她曾担任学生社团联合会实践部干事,组织和参与社联各项活动,对接大学生青年志愿者协会,参与该协会的各项活动,并对活动进行鉴定和审核。

学习方面:明确目标,端正态度

从进入大学起,她就一直把学习放在首位,清晰地意识到大学学习的自主性,因此她积极投入到各门基础课和专业课的学习中,给自己明确学习目标并端正学习态度,课上认真听讲,积极与老师配合;课下勤于思考,遇到难以解决的问题及时查阅资料或者向老师、同学请教。在专业课学习上,她连续两年综合素质测评班级排名第一,获校一等奖学金及国家励志奖学金。其中大一学年综合测评专业排名第一,大二学年专业排名第三。

她在学好专业课的同时也阅读其他方面的知识,不断建立和完善自己的知识结构体系,提高自己的综合素质。她要求自己统筹好学习与工作的关系,时刻提醒自己在开展校内工作的同时要提高学习效率,绝不能因为课外活动影响学习。在课外学习上,她顺利通过大学英语四、六级、国家计算机二级考试;取得证券从业资格、会计从业资格等证书。此外,她还进行了大量的课外阅读,获得校"大学生心理健康节"征文比赛一等奖、"助学 筑梦 铸人"征文比赛二等奖、"诵读国学经典"征文比赛三等奖。

除了关注学业之外,她还通过参加各类赛事来提升自己的综合素质。在参加比赛的过程中,她注重将课堂所学的知识与比赛相结合,全面提升自己。比如全国管理决策模拟大赛就涉及管理学、市场营销、西方经济学、财务管理、会计学原理等专业学科的知识,课堂学习使她对比赛有了更好的理解,比赛激发了她学习专业知识的兴趣。由于这个比赛的周期长达一年,需要不断练习、纠正,在这个过程中,她的团队协作能力、办公软件的操作水平等各方面都有了显著的提高,同时也锻炼了她认真务实、坚忍不拔的品格。在"创新创业"全国管理决策模拟大赛中,2017年获全国总决赛特等奖,全国半决赛一等奖,安徽省省赛三等奖,校赛一等奖;2016年获全国总决赛一等奖,全国半决赛一等奖。在第三届"互联网+"大学生创新创业大赛中获全国总决赛铜奖、安徽省省赛金奖。在第二届安徽省财税技能大赛中获本科组三等奖。在安徽省第七届娃哈哈创意营销赛中获优秀奖。在学院举办的创新设计大赛中获二等奖。累计获得各类单项奖9次。

生活方面:积极乐观,勇往直前

在生活上,她积极乐观,以饱满的热情迎接生活中的每一天的挑战。在生活中她通过在学校勤工俭学以及校外兼职来改善生活,减轻父母经济负担。在与别人的交往中,她主动关心同学,帮助同学解决问题,在生活中建立了良好的人际关系,获得了大家的尊重和支持,并努力以自己积极向上的心态影响周围的同学。她对公益活动有着无比的热忱,积极参加"为爱接力,星不孤独"蓝色环城马拉松、"春运暖冬""善行100"等志愿活动,并获得由中国扶贫基金会颁发的"一星志愿者"称号。同时她以一名大学生的身份成为桐城关爱女孩网的注册志愿者,利用节假日时间积极参加桐城关爱女孩网举办的各项公益活动,并以奖学金资助了一个家庭困难的学生,平时节日里都能收到小朋友发来祝福的短信,帮助别人的同时自己也感到了快乐。

人生的路很长,但关键的地方只有那么几步。她希望自己能够一步一个脚印地走好每一步!心之所向,必当勇往直前!三年的大学生活使她愈发沉稳坚强,有过艰辛和苦楚,但更多的是汗水和欢笑。虽然以后的人生道路还会充满荆棘,但她仍会一路高歌,劈荆斩棘。今后,她会加倍努力、扬长避短,挖掘自己的潜能,不断充实和完善自己,一步一个脚印走出人生的华美篇章。

周磊：成功只留给有准备的人

2018 年度国家奖学金获得者周磊

连续两年综合测评专业第一并获得校级一等奖学金；获得安庆首届半程马拉松和怀宁半程马拉松优秀志愿者称号及安庆市文明创建优秀志愿者称号；现已经获得国家二级田径裁判员、安徽省一级社会指导员证书。由于学习成绩与社会实践突出，体育学院体育教育专业 2016 级(1)班的周磊顺利获得国家奖学金。

认真做志愿服务，有经历才有收获

2017 年暑假安庆市创建文明城市，周磊带头留校等待通知，成为了安庆市文明创建沿江一号码头段的志愿者。作为沿江一号码头段的队长，他曾连续 10 天带队前往市区进行志愿活动。

"我每天 5 点 45 分按时起床，然后督促队员们洗漱准备，7 点钟准时出发。每天活动结束返校的时候都在晚上 10 点左右。"周磊介绍，做志愿活动时通常一站就是一天,由于要随时准备临检,他们的午饭都是通过泡面和面包来解决的,实在太累就在公园的石凳上休息一会儿。

大一上学期,周磊主动参与了无偿献血活动。"我当时也没有想太多,对护士说一次最多可以献多少,我就献多少。"在那之后,周磊每隔半年就无偿献血一次,至今累计已达 1000 cc。他还鼓励其他同学勇敢尝试,很快不少学生都加入了无偿献血的行列。

"志愿服务是奉献社会、服务他人的一种方式,是传递爱心、播种文明的过程。有些事情看似简单,但只有经历了才能有所收获。"周磊认为,从每一次志愿者工作中逐渐积累的社会经验,是他今后所需要的。"如果你对待每一件事情都能像志愿者服务时这么认真的话,我相信,成功的喜悦其实离你很近。"

自律且主动,学习与实践并存

大一期间周磊在担任专业负责人的同时还参加了校国旗护卫队、校园社团和大学生体质测试工作,每周休息的时间很少。但他总会抽时间去自习室学习,保证自己专业课的及时复习和新知识的预习。他也积极参加院里组织的外语学习活动。"我的作息时间比较稳定,每天坚持吃好一日三餐,每周都会进行 3 次以上的锻炼,每年我也会去一些地方旅行。"周磊认为,自律以及保持好心情对他而言很重要。

周磊经常鼓励并带动班里同学关注国家大事,与同学们交流想法,学习他们比较好的思考方式。他也主动接近不太爱学习的同学,希望唤起他们对学习的重视。在他的努力下,同学们之间逐渐形成了互帮互助的良好学习氛围。

"很多人认为过多的实践可能会影响到学习,但我认为这是片面的。"在周磊看来,学习和实践是一个统一体,不可孤立而言。在参加实践的过程当中,周磊自身的能力得到了提升,还认识了许多老师和学长,他们的为人处事以及对待学习的态度都是周磊的榜样。

随时做好准备,贡献个人力量

在同学们眼中,周磊一直都是他们的好兄弟好朋友,是老师的得力助手。上大学以来,周磊先后担任军训联络员、班长和团支书,并且作为辅导员助理到现在已有 3 年时间。除了管理班级日常工作、评定奖学金、认定贫困生和组织策划活动外,周磊还要随时做好处理紧急事务的准备。

2017年4月的一天凌晨2点钟,周磊所在班级的一位同学突发急性肠胃炎,肚子疼痛不已无法下床,辅导员家在市区也不能第一时间赶到。作为班级负责人,再加上学习过一些急救知识,周磊立马拨打120急救电话,同时安排一位同学到校门口接应救护车,自己则努力安抚患病同学。由于医院无法通过手机进行缴费,周磊冒黑一路找到最近的取款机为同学取钱缴费,最后将同学安顿好已经是早上5点。"身为专业辅导员助理,严格要求自己,认真负责地做好每一件事是我的职责所在。"由于默默无闻的工作作风、积极的工作心态和很强的责任感,周磊赢得了老师同学的一致好评。这使他对完成各项工作有了更大的信心,也有了更加明确的奋斗目标。

即将结束大三生活的周磊,目前已经确定了考研目标,正在全力备战。谈及将来的工作规划,周磊十分感慨农村学校专业教资的匮乏和基础教具的缺失。"2018年暑假我在安庆市太湖县天华镇西冲村(安庆市扶贫点)支教半月,我感受到的不仅是这15天的辛苦,更多的是对基层教育不完善产生的惋惜。"

周磊决定要更加努力学习,待充实自己之后,为我国的基础教育事业贡献一份力量。"作为一名当代大学生,我们要时刻做好当国家接班人的准备。既然现在还不能做伟大的贡献,那就从身边做起。"周磊说,他会尽最大努力带动身边的人,让他们意识到自己的力量,让每个人都感受到帮助他人的快乐。

(学生记者 胡雅丽)

徐海燕：快乐学习，快乐生活

2018年度国家奖学金获得者徐海燕

逛街、玩手机游戏、追剧……市场营销专业2016级徐海燕的爱好和许多女孩子一样；作为安庆师范大学2018年获得国家奖学金的唯一一名大二学生，她又与众人不同，可谓是个"学霸"。在她看来，快乐才是生活的真谛，她更喜欢快乐生活、快乐学习。

学霸有自己的"小心思"

智育成绩、综合测评总分都是专业第一，获得过校级一等奖学金，徐海燕一直都是班里的佼佼者。喜欢读书，刻苦学习，经常去图书馆，和大多数"学霸"一样，她的大学生活也是如此。但其实她也有自己的"小心思"——想在大学谈场相互促进的恋爱。"我觉得大学谈场恋爱挺好的，两个人一起进步，二总大于一，但我不喜欢让人颓废的恋爱。"她笑着说。

"再刻苦地学习也没有实践中学到的东西多。"除了学习,徐海燕觉得,大学里更应多参加些社会实践。说起大学里让自己印象最深的事,徐海燕觉得是大一下半学期参加的"第九届娃哈哈全国大学生校园创客营销大赛"。

她回忆起自己担任队长的那段时间,觉得是上大学以来最累的时候。白天上课,中午去拉货,下午放学后摆摊卖,晚上还要对账,每天忙完倒床就睡。当身边的大多数同学在寝室享受周末的时候,她还要跟队员坐车去市里摆摊。"虽然最后只获得了校级二等奖,但团队里的每个人都付出了很多,我也学会了如何和人更好地相处。"

每天都保持着高中的习惯

"每天写英语阅读、听听力,周六上午做表格、写数学作业、洗衣服……"在一个小本上,徐海燕会写下最近几天的安排,然后按计划去完成每天应做的事情。她说,这个习惯她从高中开始坚持到现在,每当看到一天下来完成的事,会有一种成就感。

"其实我也爱玩儿,追剧或者打游戏,平时可以放松一下,不过不能沉迷于此。"徐海燕觉得,大学的时间很珍贵,应该让每天过得充实。对于未来的安排,她没有想太远,只想认真度过每一天,大学不留遗憾。"虽然还没有长远的目标,但每天都认真完成些小目标,也会有很多收获。"

从大一开始,徐海燕几乎每天都会去自习室学习两三个小时,她认为大学学习与高中不同的是,大学学习更依靠自律,保持学习状态很重要。她说:"在大学里大家的起点是一样的,每天比别人多走一点点,日积月累差别就出来了。"

热心公益,很喜欢和小孩子相处

平时除了学习,徐海燕还十分热衷于参加公益活动。最近每个周末,她都会去市区参加"善行100"公益活动。"让路人捐赠出100元,这对志愿者挑战很大。"她说,"过程中被拒绝、误解过很多次,也很委屈,但想到能为贫困地区的孩子做些什么,就一直坚持了下来。"

大一时,徐海燕就参加过很多支教活动,是"启明星"义务支教队的一员。每周末她都会来到燎原社区,辅导小学孩子们写作业。如今,她还在兼职做家教,辅导四年级学生的语数外三门课。她笑着说:"我很喜欢和小孩子相处,小孩子们也都很喜欢我。"

说起此次获得的国家奖学金,徐海燕笑着说,除了作为自己大三的学费,她还打算给自己10岁的弟弟买个生日礼物。

(学生记者 郭金帅)

龙舒婷：善为至宝，传递阳光

2017 年度国家奖学金获得者龙舒婷

当大多数人课余时间宅在寝室时，体育艺术表演专业 2015 级的龙舒婷更喜欢走出去运动，因为与自己的专业有关，她的身影大多出现在体育馆、健身房。她说："激情的热血是青年人的象征，我喜欢汗水与快乐同在的感觉，跳跃是我的身影。"

在比赛中成为自己想成为的样子

龙舒婷是个对文体活动有着饱满热情的人。由于这份热情，她的大二是在参加文体竞赛中度过的，也获得了不少奖项。其中最令她难忘的，是刚升大二时参加的第五届全国全民健身操舞总决赛，她觉得这次既有付出又有收获的经历很珍贵。

团体性的比赛，离不开队友之间的默契配合。为了能在比赛中取得不错的成绩,她和团队同学早在两个月前就开始刻苦训练。比赛的几天里,所有人在一起相互鼓励、寻找问题和交流经验。最终功夫不负有心人,团队在大赛中荣获两个特等奖、一个一等奖和一个二等奖。她笑着说:"前往青岛参赛时,一路奔波也没将同学们的热情浇灭,想想大家为了比赛一起流过的汗水,就觉得为同一个目标奋斗时的样子最迷人。"

回到学校后,龙舒婷没有懈怠,而是总结比赛经验,加强自身训练。在后来的安徽省体育行业职业技能竞赛中,她获得了个人三等奖。还在安徽省第十四届健身操舞锦标赛中获特等奖,在安庆市第三届全民健身运动会中获一等奖。在这一次次的实践中,龙舒婷说她成为了自己想要成为的样子。

令她自豪的是自己影响了身边的人

当大多数体育生更注重体育成绩时,龙舒婷却没把自己的文化课成绩落下来。作为一名体育表演专业的学生,她更多的是把在书上或课堂上学到的知识带到平时训练中,用自己的亲身实践去体会。正是这种互动,使她既理解了书本上的知识,也提高了自己的实践能力。

说起自己选择专业的原因,龙舒婷告诉记者,起初是因为高考,如今则是因为热爱。高中才开始接触体育表演的她,是个零基础学者,要想在艺考中取得更好的成绩,她只有比那些有功底的学生更努力、更勤奋才行。为此,在训练中她从不偷懒,也不怕吃苦,靠着一股不服输的劲儿,学成本领并通过艺考考上了大学。

如今,体育表演已经成了龙舒婷生活中不可分割的一部分。令她有些自豪的是,因为自己所学专业,她可以向身边人普及健身健康方面的知识。在她的带领下,家人和朋友也慢慢喜欢上了健身。"我妈现在经常会去健身房锻炼、练瑜伽,回家后我也会跟她一起去,在一些健身项目上还能指导她。"她笑着说。

志愿者经历使她受益匪浅

对于龙舒婷来说,体育表演不止教会了她向周围人传递健康的理念,也教会了她传递阳光,让她走上了志愿者之路。因为自己活泼开朗的性格,上大学后龙舒婷就加入了志愿者组织,经常利用周末时间去参加公益活动。她说:"虽然自己只是一名青年志愿者,但只要尽自己的一份力去做善事,就能为那些需要帮助的人做很多。"

"在我的志愿者经历中,最让我有感触的就是'善行100'活动。因为只要有人捐款,就会有山区的小孩子受到帮助,所以我们每个志愿者都很积极地去募捐,大家心里都想为这些孩子做点什么。"龙舒婷说,正是在这次志愿者活动里,让她真正明白了一句话——善为至宝,一生用之不尽;心作良田,百世耕之有余。她觉得,自己的志愿者经历将使她一生受益匪浅。

(学生记者　郭金帅)

于海：尽己所能，舞动自我

2018年全国大学生龙舟公开赛一等奖获得者于海

体育学院2016级体育教育专业（2）班的于海，是安庆师范大学龙舟队队长。

立足专业，积极参与各项体育竞赛

自2016年9月加入安庆师范大学龙舟队以来，于海就与龙舟结下了不解之缘。说到加入龙舟队的初衷，当时于海只是觉得可以提高学习以外的技能，多学点本领总是好的。经过一段时间的接触和训练，于海发现自己喜欢上了这项体育运动，于是他更努力地接受专业训练和指导，也在龙舟赛事方面取得了一些成绩。

2016年，于海随龙舟队员以及老师去到阜阳参加安徽省第三届龙舟公开赛（高校组），通过老师精心指导以及队员们的奋勇拼搏，他们在该赛事中拔得头筹。2017年，他又随队参加了"一带一路"的国际龙舟邀请赛暨全国大学生龙舟公开赛，取得了第一名的好成绩。也在这一年，他担任了校龙舟队的队长，他积极地向学弟学妹们传播龙舟精神并号召他们加入龙舟队,在他的努力下,一批新的血液注入了龙舟队。新的力量加入后,他们积极备战2018年高校龙舟赛事,在训练之余,他会向学弟学妹们传授一些自己的技术动作和赛场经验。在他们的不懈努力之下,在第五届安徽省高校龙舟公开赛(黄山站,阜阳颖上站,合肥站)包揽该赛事200米,500米所有项目一等奖,他本人也获得"优秀运动员"称号;在五河县第四届"祥源杯"龙舟赛中获得二等奖,为学校赢得了荣誉。

除此之外,他还加入了安庆师范大学男子足球队,他们利用课后时间来训练,经过教练的悉心指导,球队水平日益提高,在安徽省运动会和大学生运动会足球项目的比赛中球队获得了二等奖的佳绩。作为一名体育人,为了发挥一专多能的精神,他还加入了安庆师范大学散打队,并积极参与平时训练,争取在他日的赛事中取得优秀的成绩,为校争光。

努力学习,理论与实践学习相结合

从进入大学的那一刻起,于海就立志做一名积极向上的好学生。学生的职责是读好书,来学校是为了学到更多的知识。在日常生活中,他不仅注重专业技能的发展,还时刻关注着自身的学习。课余时间除了进行体育锻炼之外,其他时间几乎都投入了学习。在学习的过程中,他明白了学习不仅要刻苦努力,还有注重方式方法。因为自身的不懈努力,在校期间,他的学习成绩一直保持着良好的水平。连续两年获得了国家励志奖学金,在期末综合测评中一直名列前茅,并连续两年获得校级奖学金。他还利用课余时间取得了国家龙舟一级裁判员,国家二级田径裁判员,国家二级篮球裁判员,安徽省一级社会指导员等一系列资格证书。

积极上进,不断提升思想道德素养

自入学以来,于海积极参加班级干部竞选。大一年级期间,他担任班级团支书,在此期间,他认真做好团支书工作,带领班级同学开展团日活动,并且积极向党组织靠拢,递交入党申请书。大二年级期间,他又担任了班长一职,身为班长,也意味着肩上的责任更大,他更加认真地对待自己的本职工作,在团结班级同学的同时也严格地要求自己,争取做好带头作用。基于此,于海获得了"优秀学生干部标兵""优秀共青团干""校园文化先进个人"等荣誉称号。在此期间,他还参加了党校培训,并取得了结业证书,对党的思想有了更深层次的了解,也为自己在日后开展班级工作中提供了一定的思想指导。

回馈社会，全心投入社会服务

　　一名优秀的大学生，不仅要成绩优秀，技能突出，更要有一颗为社会服务的心，尽自己所能，为社会做出力所能及的贡献。所以，课余时间，于海会积极参加一些志愿者服务活动。2016年，安庆市举办了首届半程马拉松，于海毫不犹豫地报名加入到了志愿者队伍中，为此次活动贡献自己的一份力量。2017年，他又加入了安庆市全国文明城市创建的志愿者队伍中，走上街头，与环卫工人一起为创建全国文明城市献一份力。近几年，各高校开展扶贫攻坚工作，他连续两年参与到这项工作中，深入农村基层，了解农民切实所需，并做好反馈工作，及时与当地政府工作人员沟通，为人民排忧解难。孩子是祖国的花朵，是未来的希望，2018年暑假期间，于海赴桐城情系爱心联合会参加安庆师范大学KAB创业俱乐部组织的暑期大中专学生开展的三下乡活动，与孩子们建立了深厚的"师生情谊"。